爱与尊重——与孩子共同成长

爸妈别抓狂

多动症孩子养育指南

张 芸 主编

中国科学技术出版社
·北 京·

图书在版编目（CIP）数据

爸妈别抓狂：多动症孩子养育指南 / 张芸主编 . --
北京：中国科学技术出版社，2023.1
（爱与尊重：与孩子共同成长）
ISBN 978-7-5046-9261-0

I.①爸… II.①张… III.①儿童多动症—儿童教育
—特殊教育—家庭教育—指南 IV.① G782-62
② G766-62

中国版本图书馆 CIP 数据核字（2022）第 178711 号

策划编辑	符晓静　白　珺
责任编辑	白　珺
封面设计	红杉林文化
正文设计	中文天地
责任校对	邓雪梅
责任印制	徐　飞

出　　版	中国科学技术出版社
发　　行	中国科学技术出版社有限公司发行部
地　　址	北京市海淀区中关村南大街16号
邮　　编	100081
发行电话	010-62173865
传　　真	010-62173081
网　　址	http://www.cspbooks.com.cn

开　　本	880mm×1230mm　1/32
字　　数	140千字
印　　张	6.875
版　　次	2023年1月第1版
印　　次	2023年1月第1次印刷
印　　刷	北京荣泰印刷有限公司
书　　号	ISBN 978-7-5046-9261-0 / G·980
定　　价	58.00元

近几年，我在从事儿童青少年心理咨询工作的过程中，经常会遇到身边的朋友、同事前来咨询孩子的心理和行为问题。不少人提到，自己的孩子在平时的生活和学习中总让他们备感头痛。很多孩子在家学习时需要父母全程陪伴，即便到了五六年级，仍然没有养成良好的学习和生活习惯，学习用品经常丢三落四，考试粗心大意，用过的东西不能及时收拾，房间乱成一团。而且，有些孩子在与人相处方面也让家长头痛不已。有的孩子，尤其是男孩，在人多处经常不管不顾，大声喧哗；在大人说话时会不停地插嘴，活跃好动，甚至上蹿下跳，一刻也不能消停。有的孩子在学校经常因动手打人或干扰其他同学而被老师频繁请家长；有的孩子性格暴躁，缺乏耐心，在父母指出他们的问题并希望他们有所改进时，这些孩子还会大声顶撞父母，动辄发脾气，甚至做出一些冲动的事情。其实，这些都是多动症惹的祸。看着这些父母数落自家"熊孩子"时满脸的疲惫与无奈，还有那一个个在他们身后让人感觉有些可怜的小小身影，我意识到，应该把儿童青少年多动症方面的知识带给更多有此类困扰的家长，帮助他们以科学的眼光来看待多动症孩子身上存在的问题。

全书共分为九章，内容由浅入深，结合真实案例，对于没有医学基础的人也很适合阅读。第一章为多动症概述，主要介绍了多动症的概念及诊断标准；第二章介绍了多动症的发病原因；第三章介绍了多动症孩子的情绪及行为问题，如抑郁情绪、焦虑情绪、品行问题、抽动症等；第四章介绍了多动症孩子常见的躯体健康问题；第五章介绍了针对多动症孩子的临床干预措施；第六章是写给多动症孩子父母的，帮助这些疲惫不堪的父母学会定期减压，主动调节自己的身心健康水平，让自己能定期自我更新；第七章从具体操作层面介绍了多动症孩子的养育方式和技巧；第八章教会父母如何与青春期的多动症孩子和谐相处，帮助多动症孩子顺利度过青春期；第九章则列出了多动症孩子的父母常见的一些疑虑，并予以解答。

希望这本书能让更多家长在养育多动症孩子的过程中看到希望，帮助他们驱散眼前暂时的阴霾，通过应用书中提到的养育技巧与方式，及时发现问题并调整自己的养育策略，从而帮助多动症孩子改善他们的行为及情绪问题；同时，也希望书中的内容能给压力重重的多动症孩子的家长带来心理减压的效应，使他们在艰辛的育儿过程中能够做到不让自己心态的这口"高压锅"崩掉。因为只有当父母自身拥有成熟、平和的心态，才能更好地提升亲子关系的质量，并能真正享受到育儿这件事所带来的成就感。如果能达到上述两个目标，那么这本书也就实现了自身的价值。

　　最后，感谢我的家人在我完成本书的过程中给予我的理解、支持与帮助，感谢中国科学技术出版社的白珺编辑为本书付出的大量努力，没有你们的帮助就不会有这本书的问世。

张芸

2022 年 6 月

目 录
CONTENTS

第一章

多动症概述

Love and RESPECt

如果你是家长，你可能会被老师接二连三打来的电话气得火冒三丈；如果你是老师，你可能会对教室某个角落里那个管不好自己手脚的学生无可奈何；如果你是学生，你恨不得将作业本扔掉……这个世界上存在这样一群"分心者"，他们是医生眼里的"注意缺陷多动障碍患者"，是父母眼中"不省心的熊孩子"，是老师眼中"不可救药的学生"，但同时他们也是一群饱受疾病困扰的"正常个体"。

第一节　什么是多动症

多动症是注意缺陷多动障碍（attention deficit hyperactivity disorder，简称 ADHD）的俗称，是一种出现于儿童时期的神经发育障碍，主要表现为注意力缺陷和多动症状，有时会持续到成年期。多动症的主要特征是精力充沛、过度活跃但难以集中注意力，还可能表现为很难控制自己的言行。随着研究的发展，学者们发现多动症并不仅仅是一种注意力缺陷或过度活跃，也不仅仅是一种暂时性的障碍，甚至有一部分人会带着这些症状迈入成年（Posner Jonathan, 2020）。多动症并不是父母不正确的训练或养育方式造成的，也不是孩子存在什么内在的错误，或者精神上有问题的信号。多动症是真实存在的：它是一种真实的病症，通常也是一种真正的障碍。如果得不到妥善处理，多动症将会让人非常头疼和受伤。

一、多动症的流行病学现状

从世界各地的研究结果和联合国的统计数据来看，多动症的发病率高达 5%～8%。根据美国疾病控制与预防中心（CDC）的数据，2016 年美国有 610 万名儿童被诊断出患有多动症。根据 2018 年中国的一项流行病学调查研究，中国大陆儿童青少年中多动症的患病率为 6.4%，这意味着中国至少有 2000 万名未成年人正在经受多动症的影响。其中，农村儿童多动症的患病率明显高于城市同龄儿童；学龄期儿童的患病率高于学龄前期儿童。由于诊断方式及判断标准的不同，各地多动症的患病率实际上还有一定差异（Liu Anni，2018）。

根据《精神障碍诊断与统计手册（第 5 版）》（DSM-V）的诊断标准，多动症的发病年龄多在 12 岁之前。一般情况下，多动方面的障碍在年龄较小时较明显，而注意缺陷症状一般要在进入小学后才表现得比较明显，且有 60% 以上的多动症症状会伴随一生。

二、多动症的症状表现

多动症在不同年龄阶段有不同的表现，但这类疾病与我们一般所说的孩子"调皮捣蛋"是有区别的。对家长来说，要学会识别哪些是孩子的顽皮天性，哪些是家长溺爱造成的孩子的我行我素，哪些属于这里提到的神经发育障碍。要做到这一点，首先要清楚不同年龄段儿童的发育标准。

4～6岁学龄前期儿童：这个时期儿童的主要培养目标是帮助其养成良好的生活习惯、基本的学习技能、发展与同伴的关系，并做好入学准备。此阶段的异常行为表现如下。

> ➤ 过分吵闹和捣乱，在家和幼儿园不听从大人的指令；
> ➤ 频繁地打人，经常冒犯同伴，惹祸；
> ➤ 无法接受幼儿园教育并遵守生活作息制度，如进食、午睡、集体游戏等；
> ➤ 不能静坐学习。

上述行为一旦发展到在家里难以管教、在幼儿园无法控制的程度，进而影响认知、学习、情绪以及与同伴的交流，就称为功能损害。

7～12岁学龄期儿童：此阶段的儿童由幼儿园游戏阶段进入学校的课堂学习阶段，于是学龄前期未被家长发现并引起重视的行为，或者因为家里人溺爱而被忽视的种种不良表现，会随着学业要求的增加而被放大。学龄期儿童的异常行为表现如下。

> ➤ 上课不安静、好动，喜欢插嘴、小动作多，影响课堂纪律；
>
> ➤ 难以集中注意力听课，常分心走神，影响学习；
>
> ➤ 行为冲动，好发脾气，影响与同伴的关系；
>
> ➤ 做事没有计划性，爱忘事，丢三落四，总犯粗心的错误，表现出稀里糊涂的样子；
>
> ➤ 智力正常，但学业落后。

如果孩子存在上述问题，家长要及时了解这些异常行为表现带来的后果。这些"熊孩子"一旦走出家门，暴露的问题就更多了，在公共场合的冒失或闯祸，会使父母很尴尬。在幼儿园或学校里惹很多麻烦，经常由老师联系家长"告状"，与同伴之间出现冲突，学业上的落后，使得父母既焦虑又苦不堪言。因此，如果您的孩子出现了类似的问题行为，建议您先找专业的儿童精神心理科医生进行咨询，让医生通过对孩子的行为进行观察、评估，结合家长的主诉来给出科学有效的建议或治疗方案。

三、多动症的类型

一般来说，临床上儿童注意缺陷多动障碍的诊断类型可分为注意力不集中型、过度兴奋冲动型、注意缺陷＋多动／冲动混合型三种。

（一）注意力不集中型

注意力不集中型，也被称为 ADD 型。这种孩子没有其他多动症孩子所见的充沛活力。实际上，这一类型的孩子更有可能看起来很害羞或经常"沉浸在他们自己的世界中"。如果 16 岁以下的孩子至少连续 6 个月出现 6 种或 6 种以上注意力不集中的症状，但没有过度活跃 / 冲动的迹象，则诊断为ADD 型。

根据《精神障碍诊断与统计手册（第 5 版）》（*DSM-V*），注意力不集中型的诊断标准如下。

注意力不集中型

➢ 注意力很难集中（容易分心）。

➢ 在学校、家里甚至在玩耍时都难以完成任务。

➢ 在细节上经常因漫不经心而造成很多错误。

➢ 做事杂乱无章且容易忘记事情。

➢ 经常丢失物品。

➢ 犯粗心大意的错误。

➢ 与孩子交谈时发现他没有在听，表现得心不在焉。

➢ 根据说明或指示行动时很困难，做事拖拉。

（二）过度兴奋冲动型

这种类型的多动症儿童精力旺盛且充满活力。可根据 16 岁以下的孩子是否有 6 种或 6 种以上的多动、冲动症状（年龄较大的青少年为 5 种或更多），持续至少 6 个月来进行诊断。这种类型的多动症比注意力不集中型的多动症更容易被发现和诊断。

过度兴奋冲动型

➢ 不停地运动。

➢ 经常在问题说完之前就急着回答，话多、喜欢插嘴。

➢ 常干扰同学，打断别人。

➢ 难以等待轮流性的活动，没有耐心。

➢ 坐立不安、小动作太多。

➢ 经常擅自离开座位（如在老师讲话时或吃晚餐时）。

➢ 喜欢乱动或者攀爬。

➢ 无法安静地玩耍或从事休闲活动。

➢ 做事冲动、不加思考。

（三）注意缺陷 + 多动 / 冲动混合型

这种类型的多动症儿童既有多动、冲动行为，又有注意力缺陷，并且两种情况同时发生，还可能合并有攻击和破坏行为。

拖沓的轩轩

早晨起床对二年级的轩轩而言是个难题。虽然每天他都会为自己定闹钟，但就是起不来，全家人从叫他起床开始便进入一天的"战备状态"。妈妈先起来为他准备干净的校服，每隔5分钟就叫他一次，直到时间非常紧张了，爸爸强行拽他起床。"快点刷牙洗脸，你都进去5分钟了！"妈妈会不停地催促，然后发现嘴里含着牙刷的轩轩毫无时间观念地在洗手池里玩肥皂水；好不容易从厕所出来了，爷爷赶紧把做好的早餐端上餐桌，而轩轩又转身拿起爷爷的手机玩起了游戏。最后，轩轩只能嘴里塞着食物，被爸爸连拉带拽地拖着离开家，而妈妈则背着书包在他俩后面跟着，踏上了上学的路。

在学校，轩轩的课堂听讲也是困难重重，虽然没有到课堂上随意走动的程度，但他的注意力时刻都会被周围的动静所吸引。窗外上体育课的学生、走廊里的脚步声、同学的一举一动都可能立即吸引他，无所事事的时候还会影响其他同学，不是借笔、借本子，就是借橡皮……做课堂作业时，轩轩一会儿看看左手边同学做作业的进度，一会儿又像个"小情报员"一样告诉右手边的同学，"××做到了第几题，抄写到了第几行"，但就是自己不动手做作业。

回家后完成作业对轩轩来说更是困难，从放学到晚饭后，轩轩要经过家长多次催促才能坐到书桌旁，并且经常会出现各种问题：本子落在了学校没带回来，作业没记住……其他同学1小时内可以完成的作业，轩轩总是要磨蹭到临睡前才能完成。妈妈和爸爸轮流坐在他身旁也无济于事，因为他的脑子里似乎总有各种奇思妙想，始终影响着作业的进度，妈妈和爸爸需要不时地将他的思路"拽回"到作业中，否则他根本无法独立完成。陪轩轩做作业几乎耗费了父母全部的业余时间，也因为这件事，家里经常会听到父母的批评声、轩轩委屈的哭声和大人的叹息声。

父母发现，轩轩的生活规律很差。在一年级的时候曾以为是语文老师不喜欢孩子，影响了孩子的情绪，导致语文成绩差。但现在已经是二年级，即便是他所喜欢的数学，轩轩也无法考及格。这时，父母才开始意识到轩轩在注意力方面确实存在一定的问题。

四、多动症的性别差异

多动症在男孩和女孩身上的表现存在一定的差异。一般来说，那些小动作多、上蹿下跳的男孩更容易被老师怀疑患有多动症；而"安静"地在座位上做白日梦的女孩看上去似乎注意力"很集中"——她们不会像那些不顾场合胡乱奔跑的男孩那样容易惹上"麻烦"，因此她们很少被怀疑患有多动症。

> ➢ 这些女孩可能十分努力，需要比他人花费更多的时间在课业上。但她们的成绩却往往不甚理想，周围的人可能认为她们"不够聪明"。
>
> ➢ 她们可能看起来更"羞涩"，毕竟她们难以专心，以至于交不到朋友。
>
> ➢ 她们可能会忘记谈话/课程进行到了哪里。

> ➤ 在交谈/听课的过程中，她们时常玩弄头发、发呆、胡思乱想一些不相干的事。
>
> ➤ 一些女孩有时甚至直接在别人说话时插嘴。
>
> ➤ 她们会默默承受一切，在日记里写下"我怎么这么懒惰"或"我感觉不开心"。
>
> ➤ 进入青春期后，女孩们的"多动"可能表现为内心的焦躁不安（有时候在成人精神科门诊极有可能被诊断为焦虑障碍）。

第二节　儿童多动症的诊断

一、孩子的注意力

我们知道，不同年龄段的孩子专注力不同，且随着年龄的增长，专注力时长会增加。家长可以通过专注力的平均时长（表 1-1）来判断自己孩子的专注力水平，若发现孩子在特定年龄的专注力时长远低于平均数值，则需尽早咨询精神科医生及儿童心理专家，进行干预治疗。

表 1-1 孩子的专注力时长与年龄对照表

年龄（岁）	专注力时长（分钟）
2	4~6
4	8~12
6	12~18
8	16~24
10	20~30
12	24~36
14	28~42
16	32~48

表 1-1 中的专注力是一个平均值，具体时长必须根据具体情况而定。生活中孩子实际的专注力时长，需要考虑周围有多少分散注意力的东西、当时孩子是否饥饿或劳累，以及他们对活动本身的兴趣等因素。

此外，家长需要注意的是，不要随意打断孩子的注意力。当孩子专注地做自己的事情时，父母的聊天会立刻打断他的注意力。孩子的注意力要靠某个固定的、能引起注意力的物体来保持。家长要做的就是提供安静的环境，让孩子专注地去做一件事，包括玩游戏。

二、多动症的诊断

根据《中国注意缺陷多动障碍防治指南（第二版）》的诊断流程，多动症的诊断主要包括诊断线索、病史收集、检查和观察、实验室检查和多动症诊断标准等。

（一）诊断线索

1. 学龄前儿童

过分的喧闹和捣乱，不好管理，惹人厌烦／明显的攻击性行为，经常惹祸／无法接受幼儿园教育。

2. 学龄期儿童

不安静／好动，注意力难以集中，好发脾气／行为冲动／自我控制能力差／伙伴关系不良，学习成绩不佳。

3. 青少年

注意力集中困难／学习成绩下降，厌学／做事不考虑后果，经常跟父母顶嘴、与老师争执，与同学缺乏合作精神，对一些不愉快的刺激做出过分反应。

（二）病史收集

1. 三大主征／病程／社会功能

三大主征包括注意力障碍、多动、冲动；社会功能包括儿童学习、与人交往以及适应环境的能力。

2. 个人史

个人史包括出生史、生长发育情况、生活史、既往病史、家族史。

（三）检查和观察

1. 观察

观察是指在问诊时，医生对患儿及其父母的观察。

2. 检查性交谈

临床医师和患儿直接进行有目的的交谈，以了解孩子的心理状况。

3. 体格、神经系统检查

通过体格、神经系统检查，了解患儿是否患有甲状腺功能亢进或减退以及神经系统疾病，是否有视觉或听觉损害，排除治疗禁忌证，如心脏病、肝功能不全等。

（四）实验室检查

1. 可疑疾病的相应检查

可疑疾病的相应检查包括：常规检查、脑电图检查、脑诱发电位和脑电涨落图检查、神经影像学检查。

2. 心理评估

心理评估的方法包括：儿童行为评定量表、定式和半定式诊断访谈、智力和其他认识能力评定、神经心理测验。

（五）多动症诊断标准

根据《精神障碍诊断与统计手册（第5版）》（*DSM-V*），儿童多动症的诊断标准可以分为注意力不集中型、过度兴奋冲动型、注意缺陷＋多动/冲动混合型（详见本书第5~7页论述）。

由于多动症和很多精神疾病（如焦虑、注意力低下等）的症状相似，这给多动症的诊断带来了困难。但是若能及早诊断、及早介入治疗，就能够极大地减轻注意缺陷多动症状并减缓病程的发展。多动症的诊断依据包括《精神障碍诊断与统计手册（第5版）》标准、患者的经历（个案史）、门诊患者的主诉、症状学、发展史、家族史、共病、生理评估及医师评估后认为需要的进一步检查等。医师在诊断过程中必须衡量个案的焦虑和抑郁程度、对立违抗障碍、品行障碍、学习障碍和语言障碍。其他考量的问题包括其他神经发育障碍、抽动综合征和睡眠呼吸暂停。

第三节　多动症孩子社会功能的损害

多动症孩子的问题表现为更强的难以控制的冲动。研究发现，多动症孩子发生严重交通事故的概率是非多动症孩子的3倍。此外，缺乏对冲动的控制能力也能够解释为什么多动症孩子更易酗酒、吸烟。多动症孩子更不易很好地管理他们的零花钱，他们往往看到喜欢的东西就买，而不去考虑零花钱是不是用在其他地方更合适。

多动症孩子有更多的行为问题。他们经常在椅子上动来动去，在等待时表现得极其没有耐心，或在还没有轮到自己讲话的时候就插话，或在别人都安静的时候哼哼唧唧或唱歌。

上述行为会给这些孩子的人际交往、学习生活、社会适应带来很大的麻烦。正如美国多动症治疗专家拉塞尔·巴克利

（Russell Barkley）所说："多动症是一种自我调节能力的障碍，这种障碍导致多动症患者无法着眼于未来进行行为的自我调节。这种障碍起源于大脑某个特定区域活跃度的欠缺。随着大脑的成熟，多动症孩子的大脑无法达到正常的活跃度，这些将对其行为控制、自我管理、自我调节、远见以及时间管理产生重大影响。如果我们对孩子关注当下的行为视而不见，这种行为上的畸形将对管理自己日常生活事项的能力和规划未来的能力产生有害的、不知不觉恶化的以及灾难性的影响。"

参考文献

[1] Liu A, Xu YW, Yan Q, et al. The prevalence of attention deficit/hyperactivity disorder among Chinese children and adolescents. *Scientific Report*, 2018, 16（8）:11169.

[2] Posner J, Polanczyk GV, Sonuga-Barke E. Attention-deficit hyperactivity disorder. *The Lancet*, 2020, 395（10222）: 450-462.

多动症的发病原因

LOVE AND RESPECT

目前，多动症确切的发病原因尚不清楚，但有证据表明，多动症与家族遗传有关，且有可能是一种多基因遗传疾病。分子遗传学研究表明，多动症和多巴胺受体基因多态性有关。此外，多动症患者的孩子患多动症的风险也比无家族史的人高 5 倍以上。研究发现，多动症患者的大脑结构与正常人相比，存在着很大的差异。具体来说，与多动症有关的病因包括以下几个方面。

第一节　生物学因素

多动症是一种大脑发育障碍。大脑由数目众多的神经元细胞组成，而每个神经元细胞之间都有微小的突触细胞，阻隔着神经元之间的直接交流。不同神经元或不同大脑区域要想交流，就需要通过突触细胞传递化学物质并连接不同的神经元细胞，进而传递信息。要想让传递信息的过程足够完整、有效，就需要让神经元产生并释放足够多的神经递质，这个递质也必须在突触中停留足够长的时间，与突触中的受体充分结合，再将递质释放到下一个神经元中，从而实现信息的传递。在神经递质释放后，多余的神经递质又会被神经元再次吸收。很多多动症患者大脑中的神经递质一旦被释放出来，就会被过早地吸收，导致神经网络无法及时、充分地传递信息，最终出现多动症状。大脑影像学证据显示，多动症患者在调节注意力和执行功能的大脑区域的多巴胺数量过少，导致他们的注意力和执行能力更差。

多巴胺是脑内的一种神经传导物质。一项研究发现，多动症患者脑内额叶和基底节中的多巴胺传递功能存在障碍。这两个区域主要负责人体的注意力和行为控制。多动症患者体内多巴胺转运体的结合数量和密度比正常人多出了 79%，让多巴胺消耗过快是导致多动症患者体内整体多巴胺数量不足的原因（Corrigan B，2003）。

第二节　孕期诱发因素

一、母孕期代谢及饮食

（一）脂质、糖类代谢

最新研究发现，母孕期体内胆固醇水平对后代脑发育及生长至关重要。国外一个大型多中心研究小组曾进行了一项跨度为 15 年的纵向研究，并给出了有力的证据：怀孕期间母体脂质水平［包括血清总胆固醇、甘油三酯和高密度脂蛋白（HDL），以及血清低密度脂蛋白（LDL）］与后代罹患多动症的风险显著相关。研究人员发现：孕妇体内 HDL 和甘油三酯水平对多动症的影响尤为明显。HDL 水平过低，甘油三酯水平比正常值范围

（135～176 毫克 / 分升）过高或过低，都会增加患多动症的风险。另外，该研究还发现，在低 HDL 水平的母亲中，男孩患多动症的风险是女孩的 3 倍。研究人员推测，这可能与男性胎儿在子宫内生长速度更快、对母体营养欠佳（包括脂质摄入不足）更加敏感有关。

美国国立卫生研究院儿童健康与人类发展部门发现，怀孕期间食用高脂肪和高糖饮食，可能会增加胎儿患多动症的风险。他们发现，高脂肪和高糖饮食更容易让人体的 DNA 与甲基结合在一起，从而使 DNA 沉默，即无法起到 DNA 的相应作用。高脂肪和高糖饮食能够促进大脑中胰岛素类生长因子与甲基的结合，这个胰岛素原负责小脑和海马区域的发育，当它与甲基结合后，会导致胎儿小脑和海马区域结构发育异常，诱发多动症。此外，巴塞罗那全球健康研究所（ISGlobal）研究小组对西班牙 600 名儿童进行评估后发现，新生儿脐带血中 omega-6 脂肪酸和 omega-3 脂肪酸的比值每升高 1 个数值，儿童 7 岁时患多动症的概率会增加 13%（López-Vicente M，2019）。omega-3 脂肪酸和 omega-6 脂肪酸是长链多不饱和脂肪酸，在中枢神经系统的结构和功能中起着至关重要的作用，尤其是在妊娠后期。omega-6 脂肪酸与 omega-3 脂肪酸的功能不同，前者促进全身性促炎状态，而后者则促进抗炎状态，因此平衡摄入这两种脂肪酸对孕妇非常重要。

（二）孕期甲状腺激素水平过低

美国南加州地区一项有关母孕期甲状腺激素与后代多动症

患病风险的大型研究显示，母亲怀孕最初3个月的甲状腺激素水平较低，胎儿患多动症的风险增加28%（Peltier MR，2021）。另外，这项研究发现，低甲状腺激素对男孩的影响要比对女孩的影响更大。而且种族不同，甲状腺激素对多动症的影响程度也不同。

德国科学家曾对572名多动症患儿血液中的甲状腺激素和碘化物的浓度进行了检测，结果发现血清中的甲状腺激素水平越高，儿童患多动症的风险越低，而在青少年群体中则不存在这样的关系。这项研究认为，儿童时期血清中的甲状腺激素水平有一部分受到遗传或者母亲影响。如果成长过程中能够保证儿童时期甲状腺功能稳定，那么青春期或者大脑成熟以后，就能避免甲状腺激素异常对大脑神经发育的影响。也就是说，母亲的甲状腺功能对儿童的早期大脑发育很重要，而儿童自身的甲状腺功能对大脑成熟后的功能稳定很重要（Albrecht D，2020）。

二、孕期药物使用

说起对乙酰氨基酚，很多人不一定熟悉，但它确实是很多退烧药和止疼药（如泰诺和美林）的重要组成成分，这是一种能替代阿司匹林的解热镇痛药。美国和欧洲的一些研究发现，65%～70%的医生给孕妇开的退烧药或止疼药中都含有对乙酰氨基酚。而挪威的一项研究发现，对乙酰氨基酚能穿过胎盘，孕妇服用这类药物在出生后的婴儿尿液中能够被检测到。而且，服用28天以上含有对乙酰氨基酚成分药物的孕妇，生出来的孩子存在明显的运动障碍、交流障碍、注意力不集中、具有攻击性等多动症症状（Ystrom E, 2016）。因此，怀孕的准妈妈们需要在孕期谨慎用药。

三、孕期其他风险因素

有研究曾对遗传以外的孕期多动症风险进行了归纳（Sciberras E, 2017），有以下几个因素不容忽视。

（一）早产或出生体重过轻

来自挪威、澳大利亚和丹麦的3项大型研究发现，早产婴儿（34～37周）要比足月婴儿更容易患多动症。因为早产婴儿的神经发育时间更短，生产过程中也会出现各种并发症，导致神经损伤。芬兰的一项纵向队列研究对828例新生儿进行了为期56个月的随访，并报告了早产、出生体重过轻与多动症之间的联系。研究发现，早产及过轻的体重容易导致胎儿大脑发育不全，增加患多动症的风险。但孩子出生时体重过轻与多动症的关系并没有统一的定论。可以肯定的是，由使用催产素、早产、孕妇吸烟等导致的新生儿体重过低，可能增加其患多动症的风险。

（二）分娩并发症

产妇在妊娠期有过先兆流产史、尿路感染，或导致胎儿有过缺血或缺氧状态，如胎盘早剥、先兆子痫病史或子痫前期以及脐带脱垂等问题，分娩时发生过脑损伤，或新生儿期、婴幼儿期有过严重脑缺氧、脑疾患等病史，都会损伤幼儿大脑神经系统的发育并明显增加其患多动症的风险。

（三）酒精和烟草

孕妇吸烟饮酒也会大大诱发新生儿未来患多动症的风险。一项综述分析发现，孕妇饮酒会增加生殖细胞的突变，从而诱发儿童多动症。2019年的一项研究调查了孕期饮酒和儿童多动症之间的关系，结果表明，不论在怀孕的哪个时期（孕早期、孕中期或孕晚期），中度或大量饮酒均会使儿童患多动症的风险增加5倍（Pagnin D，2019）。

同样，母亲吸烟也会对后代产生大量有害影响，包括早产、低出生体重、流产、胎儿肺发育不全以及婴儿感染增加等。多项研究，包括美国和加拿大联合进行的针对2588名8~15岁孩子的调查（Froehlich TE，2009）、英国对356名6~16岁多动症孩子的研究（Langley K，et al.，2007）表明，孕妇吸烟与儿童多动症存在显著相关。怀孕期间吸烟会让孩子患多动症的风险增加2倍，而且母亲吸烟的危害远远超过父亲吸烟的危害。二手烟也不例外。基于20项临床研究的结果表明，孕期吸烟使后代患多动症的风险增加60%，且母亲重度吸烟者后代患多动症的风险（75%）高于母亲轻度吸烟者后代患多动症的风险（54%）（Huang L，2018）。

（四）怀孕年龄

女性的生育年龄呈U形分布，理想生育年龄一般是在24~29岁，30岁以后生育率开始下降。2019年，丹麦哥本哈根大学的研究人员发现，女性上述独特的生育率特点与其卵子中染色体错误有关。在青少年和年长时期染色体错配率增加，导致基因失衡（如后代基因缺陷）和妊娠流产（Gruhn JR，2019）。

2014年，瑞典的一项大规模研究发现，患有多动症的孩子大多是头胎，而且其母亲分娩时年龄更小一些。该研究针对1988—2003年在瑞典出生的1495543个孩子，其中包括30674个多动症孩子，结果表明，母亲生育年龄<20岁使孩子患多动症的风险增加了78%（Chang Z，2014）。但这一研究结果也可能与年轻母亲更容易出现一些不良生活习惯，如吸烟、酗酒等有关。2016年，丹麦的另一项研究调查了父母双方年龄对孩子患多动症风险的影响。该研究发现，随着母亲生育年龄的降低，孩子患多动症的风险增加，但这一风险与父亲的年龄无关（Mikkelsen SH，2017）。2019年，澳大利亚的学者基于英国一项大型医学生物数据库中220685人的数据分析发现，后代患多动症的风险和母亲的生育年龄呈负相关，即母亲生育年龄越小，孩子患多动症的风险越高（Ni，2019）。

（五）产妇身心健康

怀孕期间母亲承受的心理压力，包括孕期抑郁症、焦虑等都会直接影响胎儿的发育，从而导致儿童认知和运动能力发育迟缓（Grizentko N，2012）。比利时的一项研究跟踪了71名孕妇从怀孕到她们的孩子9~11岁，发现母亲在怀孕早期，尤其是第12周和第22周时的焦虑水平更易诱发儿童多动症（Coussons-Read ME，2013）。母孕期压力大的孩子，在后期发育过程中跳跃、走路和短跑能力发展滞后，思维理解能力、感觉能力也比同龄孩子差。这些孩子也会比同龄孩子更容易出现恐惧、焦虑、无法适应新环境等问题。下丘脑－垂体－肾上腺轴（HPA）被认为是在孕期母亲心理压力与胎儿后期发育的过程中发挥重要影响的生物基础。母亲孕期由于受到心理和身体多重压力的刺激，导致 HPA 轴激活皮质醇激素过量释放，过多的皮质醇会穿过胎盘影响胎儿的发育。另外，孕妇压力过大可能导致子宫动脉收缩，引起胎儿缺氧，间接影响胎儿发育。

尽管目前尚无法确定在怀孕期间的哪个阶段母亲所承受的心理压力对孩子的影响更大，但学术界一致的研究结果显示，母亲怀孕期间遭受的心理压力会在孩子出生 8 个月后才逐渐显现，并导致这些孩子后期在智力发育、精神和运动能力方面的表现更差。

第三节　儿童发育过程中的因素

一、儿童体内微量元素缺乏及代谢异常

一些针对多动症患儿的调查发现，其血液中微量元素和正常儿童的区别可能是导致其出现多动症症状的关键。这里提到的微量元素包括锌、铜、铁、镁等元素，它们主要参与人体大脑细胞的生长发育、神经递质的代谢以及多巴胺的合成等。

（一）锌

锌是参与产生神经信号物质的重要元素，多巴胺、褪黑素以及前列腺素的产生都与锌密切相关。浙江大学 2018 年的一项研究结果显示，多动症儿童血液中的锌含量过低是导致其注意力不集中的重要因素（Yang RW，2019）。该研究分析了 419 名平均年龄为 8.8 岁的多动症儿童，并对比了 395 名同龄健康儿童的血浆微量元素含量，结果发现多动症儿童血液中的锌含量明显低于健康儿童。

（二）铁

铁是另一种人体必需的微量元素。除了能参与红细胞的生成，铁还能决定多巴胺和去甲肾上腺素在人体中数量的多少。多巴胺和去甲肾上腺素是大脑中信号传递和反馈的重要物质。一般来说，多动症儿童大脑中的含铁量较低，导致他们的多巴胺和去甲肾上腺素比正常儿童分泌更少、活跃度更低，从而出现注意力不集中、缺乏动力、多动和冲动等行为特征。因此，从饮食的角度看，补铁在一定程度上能缓解多动症儿童注意力不集中的问题。

（三）镁

镁是人体中的第二大阳离子，涉及蛋白质合成、核酸生成以及细胞能量代谢，并参与人体的 300 多个代谢反应。缺镁会导致儿童认知障碍，引发疲劳、注意力不集中、神经紧张、情绪波动并伴有攻击性。多项研究发现，多动症儿童体内镁元素的含量明显低于健康儿童，而且细胞内和唾液中的镁含量明显更低。此外，血液、尿液以及头发中镁的含量也能反映出多动症儿童的疾病严重程度。

（四）硒

硒参与了很多抗氧化酶的生成和表达过程。大脑是全身硒含量最高的器官，血液中硒的缺乏是导致儿童神经疾病，如多动症、自闭症以及一些精神疾病的重要原因。脚指甲和头发里的硒浓度可以作为体内长期硒含量的指标。

（五）铜

2016年的一项研究发现，人体内锌含量过低及铜含量过高可能是导致多动症的原因（Viktorinova A，2016）。过量的铜可导致多巴胺提前氧化，并引起个体的身心疲劳、抑郁和多动症等问题。这项研究还使用了"铜锌比"这一数值来反映多动症患儿的严重情况，结果发现"铜锌比"越高，多动症症状越严重。

（六）铅

在我们的日常生活中，铅在油漆、汽车燃料和很多工业用品中含量较多。一旦血液中铅元素的含量超过10微克/升，就会引发多动症以及智力低下等问题（Goodlad JK，2013）。国内的一项研究曾调查了296名多动症儿童和296名非多动症儿童，并分析了他们的饮食结构和营养模式，结果发现，对儿童来说，经常食用富含蛋白质、磷、硒和钙等矿物质的食物能有效降低多动症发生的概率。因此，对父母来说，可以让孩子多吃深海海产品。

二、儿童甲状腺素浓度过高

如前所述，孕妇甲状腺功能的改变会明显增加后代患多动症的风险。此外，幼儿自身甲状腺功能的改变也会大大增加他们患多动症的风险。挪威的一项研究对405例多动症患儿出生后48～72小时的血液检测报告进行了分析，结果发现，刚出生时存在甲状腺功能亢进的新生儿比正常新生儿日后患多动症的风险高3倍，但这种甲状腺功能亢进导致多动症的因果关系仅出现在女孩身上（West R，2020）。英国一项有关甲状腺激素对脑容量影响的大型研究在分析了419名存在甲状腺功能障碍的居民数据后发现，甲状腺状态能影响大脑的灰质体积。这项研究发现，这些甲状腺功能障碍患者的大脑灰质，尤其是小脑和苍白球灰质的减少会影响个体的运动能力、认知能力和情感调节功能（Chambers T，2021）。另外，这项研究还提到，甲状腺素浓度升高的人，大脑中负责记忆的海马体体积也会明显减小。患甲状腺功能亢进的儿童患多动症的风险是正常儿童的1.7倍。

三、儿童过早接触电子产品

很多父母都不理解，为什么家长讲几句话都听不进去的孩子，会对电子产品如此着迷。实际上，这类孩子对电子产品着迷是有一定原因的。电子产品，特别是视频游戏中包含了很多色彩艳丽、快速变换的画面以及令人兴奋的内容，如竞争、梦幻、超现实情节等,这些都会吸引孩子。快速、可控制的操作不断给儿童一种正向反馈,促使他们的大脑源源不断地分泌多巴胺,这才是让他们沉迷的真正原因。

当前,越来越多的学校、幼儿园实现了教学电子化,一些学校甚至会留一些需要电脑或手机辅助才能完成的作业,这都在无形中增加了儿童使用电子屏幕的时间。国际知名期刊《美国医学会杂志·儿科学》上发表的研究成果显示,花大量时间看电视、平板电脑或手机不利于儿童大脑发育(Hutton JS,2020)。研究人员使用脑扫描技术发现,每天在电脑前待几个小时的儿童大脑发育速度比那些不接触电子屏幕的儿童发育得要慢。这部分发育受损的脑区是支撑儿童语言和读写能力的关键脑区。该研究认为,6 岁前是儿童大脑神经建立连接的关键时期,在这个年龄前过度接触电子屏幕会造成干扰刺激,使得大脑发育速度明显减缓。

对儿童来说,他们的注意力集中时间本来就不长,容易被新奇事物所吸引。多动症儿童的注意力缺陷问题更加明显。大量的色彩、动画和反馈信息不断刺激他们的大脑,使他们对外界事物做出的反应阈值也越来越高。原本屏幕上一个会跳动的小兔子就能让他们开心不已,现在面对满屏的游戏任务和场景都可能会无动于衷。这可不是什么好事。注意力有缺陷的儿童,本身就难以专心做一件事。一旦游戏世界和视频环境中大量的信息和刺激消失了,做很多事情不会立马得到反馈,他们就会把越来越多的日常学习和活动贴上"无聊""困难"的标签。这样一来，就很难有什么事情能引起他们的兴趣，他们的注意力会越来越差，处理学习、生活等事情都会变得困难。

经科学证实，增加多动症儿童的运动时间，保证他们有充足的睡眠，可刺激大脑分泌多巴胺，从而有效帮助多动症儿童改善多动症症状。

接触电子产品是否会导致儿童多动症?

随着电子产品的普及，新生代婴幼儿从一出生就开始接触电子产品。很多家长发现，宝宝哭闹怎么哄都哄不好，一给手机立马就不哭了。尤其是孩子2~3岁闹脾气的时期，电子产品的"止哭"效果似乎立竿见影。然而，科研结果表明，这样的做法存在很大代价。美国加州大学戴维斯分校2020年进行的一项研究发现，儿童观看电子屏幕的时间越长，后期越有可能被诊断出多动症。另外，看电子屏幕时间越长的儿童，语言表达能力越差，而且可能会导致发育迟缓。这是因为儿童本身可能存在注意力和自我行为管理的问题，有些父母更倾向于给儿童使用电子产品，以便让他们安静。这样会让儿童丧失与现实世界交流的机会，使他们学习语言和与外界进行感官接触的机会变少。

加拿大研究人员于2019年发表的一项研究成果值得所有家长警醒。他们从加拿大招募了3445名孕妇，并在随后的3~5年进行随访。他们调查了这些孕妇所生的孩子从出生开始的电子屏幕观看时间、睡眠时间和体育锻炼情况，并在儿童5岁的时候完成了儿童行为和多动症问卷等相关调查。研究结果显示，这些儿童中，有

13% 的儿童每天观看电子屏幕的时间超过 2 小时。与每天只看 30 分钟电子屏幕的儿童相比，那些每天观看电子屏幕时间超过 2 小时的儿童存在更多的外化问题（注意力不集中、具有攻击性）、内化问题（焦虑、抑郁、退缩、情绪问题等）和睡眠问题。这项研究还发现，男童的上述行为问题更加普遍。

究其原因，研究人员都认为学龄期是儿童发育的关键时期，这个阶段接触过多电子产品会格外影响儿童的发育和发展。处于发育中的儿童无法分清现实世界与电子屏幕中的虚拟世界，对他们的情绪、性格、社会认知和情感发展都存在负面影响。接触电子屏幕意味着他们的体育活动时间会相应减少，他们也会因此错过与外界接触、发展好奇心的好时机。

同样，中国的一项研究对 2015—2018 年江苏省无锡市 42 所幼儿园中的 3842 名 3~6 岁幼儿的行为特征和电子屏幕接触时间进行记录，结果发现，男童更容易出现外在的行为问题。每天使用电子产品时间超过 60 分钟的儿童，其脾气、性格以及注意力方面的问题表现得更加明显。

四、父母养育方式及儿童气质类型

不良的养育方式可能是儿童多动症的重要诱发因素。中南大学的一项流行病学研究选取了 300 例多动症儿童（平均年龄为 4.7±1.6 岁），并对这些儿童的教养方式、气质类型以及家长的职业、受教育程度等进行了调查研究（张苹芳，2013）。结果发现，父母婚姻关系一般，父母教育态度不一致、亲子关系不佳，父亲缺乏情感温暖、惩罚严厉、过度保护以及母亲偏爱是多动症儿童过度活跃、适应性差、反应强烈、注意力分散的主要影响因素。

儿童幼年时表现出的气质类型也能对未来多动症发生的概率进行预测。研究发现，难养型是多动症患儿主要的气质类型。这种气质类型的患儿以独生男孩为主，他们更易表现出调皮、经常冲撞人、敏感躲避、缺乏行为规范等特点。此外，影响儿童气质、决定儿童是难养型还是易养型的主要因素是父亲的受教育程度和母亲的职业。父亲文化程度低会忽视儿童对他的需要，让孩子缺乏安全感并无法适应社会生活。母亲的职业对儿童气质的影响主要体现在陪伴孩子时间的长短上，如果母亲陪伴孩子的时间较少，会让孩子感到母亲的关爱和温暖不够。

国外的一项长期研究表明，具有攻击性、挑衅和情绪爆发性的儿童与其婴儿期接受的消极养育方式有关，包括父母对孩子表达负面的情绪、粗暴地对待他们等。该研究对260多位母亲和她们的孩子进行了长期跟踪研究，对孩子从出生到上小学一年级时的养育方式和孩子的脾气性格进行评估。研究结果表明，孩子脾气暴躁最重要的原因是婴儿早期的消极负性养育方式（Lorber MF, 2011）。然而，更为糟糕的是这会导致负性循环的出现，即父母的不良养育方式造成孩子的脾气暴躁，而孩子不听话等行为表现又会导致父母更多的消极情绪。对于多动症患儿来说，如果在这种情况下成长，不仅他们的多动症症状难以得到有效的控制，还会加大共病对立违抗的风险。

参考文献

[1] Albrecht D, Ittermann T, Thamm M, et al. The association between thyroid function biomarkers and attention deficit hyperactivity disorder. *Scientific Reports*, 2020, 10: 18285.

[2] Chambers T, Anney R, Taylor PN, et al. Effects of thyroid status on regional brain volumes: a diagnostic and genetic imaging study in UK biobank. *Journal Clinical Endocrinology Metabolism*, 2021, 106 (3): 688–696.

[3] Chang Z, Lichtenstein P, D'Onofrio BM, et al. Maternal age at childbirth and risk for ADHD in offspring: a population-based cohort study. *Internal Journal of Epidemiology*, 2014, 43 (6): 1815–1824.

[4] Coussons-Read ME. Effects of prenatal stress on pregnancy and human development: mechanisms and pathways. *Obstetric Medicine*, 2013, 6: 52–57.

[5] Froehlich TE, Lanphear BP, Auinger P, et al. Association of tobacco and lead exposures with attention–deficit/hyperactivity disorder. *Pediatrics*, 2009, 124 (6): e1054–e1063.

[6] Goodlad JK, Marcus DK, Fulton JJ. Lead and attention–deficit/hyperactivity disorder (ADHD) symptoms: a meta-analysis. *Clinical Psychological Review*, 2013, 33 (3): 417–425.

[7] Grizentko N, Fortier ME, Zadorozny C, et al. Maternal stress

during pregnancy, ADHD symptomatology in children and genotype: gene-environment interaction. *Journal of Canadian Academy of Child and Adolescent Psychiatry*, 2012, 21（1）: 9-15.

[8] Gruhn JR, Zielinska AP, Shukla V, et al. Chromosome errors in human eggs shape natural fertility over reproductive life span. *Science*, 2019, 365（6460）: 1466-1469.

[9] Huang L, Wang HY, Zhang L, et al. Maternal smoking and attention-deficit/hyperactivity disorder in offspring: a meta-analysis. *Pediatrics*, 2018, 141（1）: e20172465.

[10] Hutton JS, Dudley J, Horowitz-Kraus T, et al. Associations between screen-based media use and brain white matter integrity in preschool-aged children. *JAMA Pediatry*, 2020, 174（1）: e193869.

[11] Langley K, Holmans PA, van den Bree MB, et al. Effects of low birth weight, maternal smoking in pregnancy and social class on the phenotypic manifestation of attention deficit hyperactivity disorder and associated antisocial behaviour: investigation in a clinical sample. *BMC Psychiatry*, 2007, 7（26）.

[12] Lorber MF, Egeland B. Parenting and infant difficulty: testing a mutual exacerbation hypothesis to predict early-onset conduct problems. *Child Development*, 2011, 82（6）: 2006-2020.

[13] Mikkelsen SH, Olsen J, Bech BH, et al. Parental age and

attention-deficit/hyperactivity disorder（ADHD）. *International Journal of Epidemiology*, 2017, 46（2）: 409-420.

[14] Ni G, Amare AT, Zhou X, et al. The genetic relationship between female reproductive traits and six psychiatric disorder. *Scientific Reports*, 2019, 12041.

[15] Pagnin D, Grecco MLZ, Furtado EF. Prenatal alcohol use as a risk for attention-deficit/hyperactivity disorder. *European Archives of Psychiatry and Clinical Neuroscience*, 2019, 269（6）: 681-687.

[16] Peltier MR, Fassett MJ, Chiu VY, et al. Maternal hypothyroidism increases the risk of attention-deficit hyperactivity disorder in the offspring. *American Journal of Perinatology*, 2021, 38（2）:191-201.

[17] Sciberras E, Mulraney M, Silva D, et al. Prenatal risk factors and the etiology of ADHD—review of existing evidence. *Current Psychiatry Reports*, 2017, 19（1）: 1-8.

[18] Viktorinova A, Ursinyova M, Trebaticka J, et al. Changed plasma levels of zinc and copper to zinc ratio and their possible associations with parent and teacher-rated symptoms in children with attention-deficit hyperactivity disorder. *Biological Trace Element Research*, 2016, 169: 1-7.

[19] West R, Hong J, Derraik JGB, et al. Newborn screening TSH values less than 15mIU/L are not associated with long-

term hyperthyroidism or cognitive impairment. *Journal Clinical Endocrinology Metabolism*, 2020（9）: 105.

[20] Yang RW, Zhang YY, Gao WJ, et al. Blood levels of trace elements in children with attention-deficit hyperactivity disorder: results from a case-control study. *Biological Trace Element Research*, 2019, 187（2）: 376-382.

[21] Ystrom E, Gustavson K, Brandlistuen RE, et al. Prenatal exposure to acetaminophen and risk of ADHD. *Pediatrics*, 2017, 140（5）: e20163840.

[22] 张苹芳. 家庭教养方式和儿童气质类型对儿童多动症影响的研究. 长沙：中南大学，2013.

第三章

CHAPTER THREE

多动症孩子的
情绪及行为问题

LOVE and RESPECT

很多人认为孩子没有自尊心，但事实上，自尊不仅是一个人的"脸面"问题，还是一个人感受到的自己完成任务的能力以及在社会上作为一个人的整体受尊重程度。多动症孩子存在明显的注意力缺陷、短期记忆差等问题，这让他们对很多同龄人可以轻而易举完成的任务总感觉力不从心。这不仅会导致更差的自尊，而且会诱发很多精神心理健康问题。

第一节　多动症合并情绪问题

一、焦虑和抑郁

多动症孩子常常合并焦虑和抑郁情绪。一项对中国 135 名多动症孩子的临床研究发现，有 18% 的多动症孩子合并抑郁情绪，有 27% 的多动症孩子合并焦虑情绪，有 15% 的多动症孩子同时合并焦虑和抑郁情绪。而且，这些不良情绪不仅出现在多动症孩子身上，他们的父母也会表现出更普遍、更严重的焦虑与抑郁情绪。

当多动症合并焦虑情绪时，多动症症状往往会加重，患者感觉不安或注意力不集中的现象会更加明显，肌肉紧绷，腿抖个不停，甚至整个人都在发抖。焦虑的学生在课堂上如坐针毡，这和多动症孩子因无聊而"玩这玩那"完全不同。由多动症引发的焦虑情绪与普通的焦虑症有时候难以区别。前者通常因担心自己不能完成学业或任务而产生焦虑，如当作业比较多或比较难时，多动症孩子往往更容易表现出磨磨蹭蹭、作业拖拉或者咬指甲等行为；而普通的焦虑症则是一种单独的疾病，通常表现为担心周围环境中的所有事情，而不仅是能否完成某个特定的学业任务，即这种担心通常没有明确的指向，不仅几乎每天都担心，而且一天之内担心发生的频率也较高。

与焦虑症一样，抑郁症可以独立于多动症而存在，也可能是由多动症症状引起的。研究发现，多动症患者比非多动症患者更易患抑郁症，且多动症症状的严重程度与抑郁症的严重程度相关。当多动症与抑郁症同时存在时，两种症状会更加严重。

多动症与抑郁症的某些症状非常相似，这使得对两种疾病的诊断和治疗变得更加困难。例如，注意力不集中是多动症的核心症状之一，有些抑郁症患者也会出现这种症状。另外，过度活跃和情绪冲动易怒也是抑郁症与多动症的共同症状；多动症药物治疗会对患者的睡眠及饮食习惯造成影响，这在抑郁症患者中也非常常见。如果存在这类情况却不加以及时治疗，会让多动症患者出现长期的情绪问题，并严重影响他们的生活质量。

（一）多动症合并焦虑、抑郁情绪的原因

1. 多巴胺浓度失调

多巴胺是大脑中负责开心愉悦情绪的神经递质，起着奖赏、激励和调节情绪的作用。多动症患者大脑中多巴胺浓度的失调会引发情绪低落等抑郁症状。

2. 情绪失调

一般来说，多动症孩子更易出现情绪失调，比如他们会经常发怒，没有原因的哭闹，很难安抚。他们的情绪会比正常孩子更加强烈，往往需要更多的时间来平复，并且他们的这种低落情绪很难被其他事物分散，这也进一步导致了他们的抑郁。

3. 其他并发症

多动症孩子也会存在一些其他并发症，如双向情感障碍、强迫症、暴饮暴食、药物滥用以及学习障碍，这些并发症的出现也会使多动症孩子的抑郁症状更加严重。

4. 缺乏良好的社会支持

一般来说，很多多动症孩子因为注意力不集中或课堂多动导致学习成绩不佳，喜欢捣蛋、制造麻烦，从而给老师和同学留下不好的印象，并因此受到歧视。这种周围人的不理解和"贴标签"，不仅会让这些孩子在学业上屡屡受挫，更会让他们在人际关系上受到沉重打击，进一步加重抑郁情绪。

（二）对合并焦虑、抑郁情绪的多动症孩子的生活建议

一旦多动症合并焦虑、抑郁情绪，最重要的是尽早去医院进行诊断，并在医生的专业指导下看是否需要药物干预。如果焦虑和抑郁情绪是由多动症继发而来，只需要治疗多动症即可达到缓解继发性焦虑、抑郁的作用。但如果焦虑和抑郁情绪不是由多动症引起，而是一种单独的疾病，则需要两种疾病同时

治疗。

除药物治疗和认知行为治疗外，多动症也可通过生活方式的调整产生变化。具体包括：①有氧运动：定期做规律性运动对稳定多动症孩子的情绪有很好的效果；②培养其他兴趣爱好：帮助孩子培养一种兴趣爱好，如跳舞或者学习乐器等，孩子一旦在其中获得成就感，对稳定情绪有很大的帮助；③冥想治疗：能够增强人对内部干扰进行自我调节的能力，并能显著缓解焦虑和抑郁症状。

二、愤怒

很多家长发现，多动症孩子存在情绪调节方面的困难。一个最明显的表现就是这类孩子往往很容易发脾气，无法控制自己的情绪。虽然我们每个人都会有愤怒和不耐烦的情绪，但多动症孩子往往会将这些负面情绪放大。这是因为多动症是一种神经发育障碍疾病，多动症孩子大脑的许多功能（包括情绪调节能力）受到了显著影响，因此更容易出现愤怒等情绪失控的情况。除了多动症本身对大脑的影响，焦虑、抑郁等并发症也更容易导致这类孩子脾气暴躁。这种不受控制的愤怒情绪对孩子的学习、生活和人际关系都会造成很大的影响。

对情绪失控的多动症孩子父母的建议

虽然多动症孩子动不动大发脾气会让其父母烦恼不已，但在弄清楚这些症状背后的生物学原因后，父母应更多地帮孩子学习如何控制自己不稳定的情绪。

具体来说，可以尝试从以下 6 个方面进行改善，但首先要保证自己的情绪不被孩子的坏情绪感染。尽管很难，但家长仍需要在这种情况下尽可能保持冷静、平和。

● 告诉孩子，当他感觉很生气时，试着转移自己的注意力，让自己冷静下来。

● 帮孩子学会正确地表达自己的想法：学着用语言而不是用愤怒的情绪来表达自己的想法。这不仅有助于家长明白他们的真实想法，同时也更容易让他们感觉到自己被家长聆听和理解。

● 对日常生活做计划：多动症孩子往往生活和学习压力很大，每天都会不知所措，面对一些突发情况更是不知如何应对。因此，试着对每天该做的事情列出计划，提高对突发事件的应对能力。

● 调整饮食结构：许多医生和营养学家认为，人工色素和食品中的防腐剂可能会影响儿童的行为表现。因此，多动症孩子的家长应在孩子的饮食中多加入一些富含纤维的蔬菜以及全谷物和蛋白质含量丰富的食物，这样有助于保持激素稳定。

● 保持固定的睡眠时间，保证睡眠质量：良好的睡眠与良好的饮食同等重要。对多动症孩子来说，保持一个固定的睡眠习惯对改善他们的多动症症状和稳定情绪都至关重要。家长要保证孩子每晚基本在同一时间上床睡觉，同时避免在卧室放各类电子产品，以便孩子能轻松进入睡眠状态。

● 让孩子学会掌控他的"过度专注"：拥有专注力是好事，但多动症孩子常常会过度专注于某一件事或困于某一种情绪中而无法抽身。学会控制这种"过度专注",能够防止多动症孩子陷入情绪低落的无限循环中。引导多动症孩子将专注力放到学习或其他爱好中去,才能更好地摆脱情绪障碍。

三、对立违抗障碍

很多家长发现自己的孩子很容易发脾气,性格冷酷且暴躁,根本不像一个孩子该有的样子。这时候,应该考虑孩子是不是存在对立违抗障碍(oppositional defiant disorder,简称ODD)。对立违抗障碍,又称破坏性行为障碍,是一种主要表现为不合作、挑衅,对同龄人、父母、老师或其他权威人物怀有敌意的行为障碍。

对立违抗障碍在中国的发病率为8%,而注意缺陷多动障碍合并对立违抗障碍在中国孩子中则非常常见,大约有40%的多动症孩子存在对立违抗障碍。一般来说,4岁以上的小朋友已经能够学会控制自己的情绪及脾气,不会随便生气或情绪失控。当一个学龄儿童经常有规律地发脾气,尤其是这种坏脾气严重影响孩子的日常生活时,家长就需要格外警惕了。

(一)对立违抗障碍的症状

> ➢ 经常发脾气;
> ➢ 经常和成年人争论;
> ➢ 拒绝成年人要求的事情;

> ➢ 总是质疑规则，并拒绝遵守规则；
>
> ➢ 喜欢做一些让别人烦恼、不安的事情；
>
> ➢ 自己做错事反而责怪别人；
>
> ➢ 容易被别人惹恼；
>
> ➢ 说话严厉、不友好；
>
> ➢ 喜欢报复别人。

需要注意的是，如果一个孩子只有上述这些行为中的一两种行为，且这种行为只是短暂出现一段时间，那不足为奇，也并不属于对立违抗障碍。真正的对立违抗障碍至少同时存在以上4种行为，而且持续时间达6个月以上。

对立违抗障碍的症状一般会在学龄阶段开始出现，直到青春期才有所消退；而且对立违抗障碍（ODD）共患病较多，如注意缺陷多动障碍（ADHD）、品行障碍（CD）、焦虑障碍（AD）等。有时候，一些孩子的对立违抗行为只针对家里某一个成员或他非常熟悉的一个人。但如果对立违抗行为出现在多个环境和社交场合下，就会严重影响一个人的社会关系、学习和工作等。这些患有对立违抗障碍的孩子更加易怒、冷酷，并充满了攻击性（Burke JD，2021）。

（二）多动症孩子出现对立违抗障碍的原因

1. 遗传与生物学因素

从生物学角度看，基因因素占儿童对立违抗障碍患病风险的50%。有抑郁症、多动症家族史的儿童患对立违抗障碍的风险也会更高。此外，脑成像学研究也发现，大脑中涉及调节冲动、解决问题的区域，以及控制社会行为和情感的区域与正常发育的人群有所差异，也是导致对立违抗障碍的潜在生物学原因（Noordermeer SD，2016）。

2. 不良的环境与养育方式

家庭的养育方式以及外界的环境因素也会诱发对立违抗障碍。例如：过于严厉或过于放纵的养育方式；对有问题或破坏性的行为进行负面强化，如家长允许孩子当着他们的面对爷爷奶奶大吼大叫，孩子会认为这种行为是不会受到任何惩罚的；家庭或社区中的暴力、虐待等；紧张、没有规律或者不可预测的家庭生活；生活在配套服务过差的社区环境中。

（三）多动症合并对立违抗障碍的干预

1. 认知行为疗法

教会孩子如何更好地沟通和解决问题，在面对问题的时候应该关注什么、不应该关注什么，从而避免情绪的爆发以及没有意义的愤怒。

2. 家庭治疗

家长可以参加家长管理培训，培训课程可以教家长如何观察、管理孩子的行为，并在孩子出现各种问题行为后进行恰当、积极的引导。这种疗法有助于提高家庭内部的沟通技巧。

3. 学校干预

给孩子提供必要的休息时间，让他们有时间和空间去管理自己的负面情绪，同时老师可以适当帮助他们调换座位，从而帮助学生建立积极的同龄人社交关系；学校和老师应制订积极的计划，帮助学生克服学习困难、解决心理健康问题。

4. 药物治疗

很多时候，治疗对立违抗障碍的药物并不是专门用于治疗这种疾病的，很多抗抑郁药、治疗精神类疾病的药物和兴奋剂类药物等在治疗对立违抗障碍方面十分有效。

总之，治疗多动症伴发的对立违抗障碍需要多维度同时进行，比如在对儿童进行认知行为治疗的同时，家长接受行为培训并积极配合。在各种行为干预效果不理想的情况下，可以使用药物进行改善治疗。

四、双相情感障碍

（一）什么是双相情感障碍

多达 20% 的多动症患者会表现出双相情感障碍的症状。双相情感障碍，又称双相障碍，是指患者既有躁狂或轻躁狂发作，又有抑郁发作的一类情感障碍。国外流行病学调查结果显示，双相情感障碍的患病率为 1%～3%，发病年龄高峰为 15～19 岁，首次多为抑郁发作，常数次抑郁发作后再出现躁狂或轻躁狂发作。所谓躁狂或轻躁狂，是指患者有一种类似于到达"人生巅峰"的感觉。他们会去社交，尝试各种新事物，甚至还开始大量创作，只是脾气会有点暴躁（易激惹）。这时患者的判断力似乎也受到了影响：他们会做危险的事情（比如一些极限运动，成年人甚至会背叛自己的配偶，或者会把自己的信用卡刷爆）。患有双相情感障碍的人会经历更多的无奈和沮丧，尤其是抑郁发作时，会让他们深刻体会到"从天堂坠入地狱"般的感觉。

（二）儿童青少年双相情感障碍的表现

对于部分儿童和青少年，他们在年幼时就已经有双相情感障碍的问题。患有多动症和双相情感障碍的孩子的脾气很差，情绪波动大，并经常冲动行事，他们几乎每天都令父母和老师烦恼不已——他们身上的大小问题接连不断。如果一个已经确诊多动症的孩子表现出自尊心膨胀，觉得没有什么事是自己不会的，甚至一些多动症青少年开始出现一些危险性行为，并热衷于做各种"自我伤害"的事情，且几乎不需要睡眠——那么，他们可能正在经历与双相情感障碍相关的躁狂或轻躁狂发作。多动症合并双相情感障碍的儿童青少年，有更高的风险面临烟草、酒精等物质的滥用以及人际关系问题。

（三）双相情感障碍的临床干预

对患有双相情感障碍的儿童来说，早期和全面的治疗至关重要。在治疗之前，先要稳定情绪，这通常涉及药物、心理治疗（如认知行为疗法）和教育。治疗时，应当防止这类儿童出现物质滥用的倾向，毕竟有多动症和双相情感障碍双重诊断的人物质滥用的风险比常人要高得多。此外，大约有65%的多动症合并双相情感障碍的患者在他们的一生中会遭遇焦虑障碍，精神科医生和心理健康专家也可能建议治疗焦虑症。对存在上述问题的多动症孩子的父母，建议与医生多讨论用药对孩子的风险和益处。在孩子服用药物时，父母应与医生保持密切的联系，并及时观察反馈症状。

第二节　多动症孩子常见的行为问题

一、品行障碍

部分多动症孩子可能存在品行障碍（conduct disorder，简称 CD）。患有品行障碍的孩子可能多次在家中或外面偷窃贵重物品或大量钱财；勒索或抢劫他人钱财或入室抢劫、攻击他人或动物，威胁、恐吓、伤害、殴打他人；虐待小动物或比他小的孩子或残疾孩子；使用刀、棍、棒、石块等硬物或器械对他人躯体造成伤害。男孩多表现为躯体性攻击；女孩多表现为言语性攻击，如咒骂、侮辱别人等。

患有品行障碍的成年人通常会做出一些触犯法律的行为。这种人一般以自我为中心，习惯指责或支配别人，故意惹人注意并竭力为自己的错误辩护。

二、读写障碍

（一）什么是读写障碍

读写障碍，又称阅读障碍或读写困难，是一种特殊的学习障碍，源自对文字解码能力的不足。患有读写障碍的孩子，其书写能力及拼字能力也会受到影响。

根据《国际疾病分类（第 10 版）》（*ICD-10*）和《精神障碍诊断与统计手册（第 5 版）》（*DSM-V*），读写障碍一般包括阅读困难和书写困难，这两种能力缺陷会影响个体的文字阅读和理解能力、记忆运作、提取生字能力以及信息处理速度等。患有读写障碍的孩子在语音处理、视觉感觉、听觉认知及专注力、组织能力等方面也明显比同龄孩子要弱。

（二）读写障碍的症状

> ➢ 这些孩子智力正常，甚至在平均水平以上，但他们在学校的表现却低于预期水平。
>
> ➢ 他们觉得自己是"笨蛋"，并因此极度缺乏自信。
>
> ➢ 容易挫折化或情绪化，常选择逃避阅读或测试。
>
> ➢ 常常发呆或走神，容易迷路或对时间的流逝没有感觉。
>
> ➢ 重复阅读，书写时经常字词顺序颠倒或是笔画不对——无论是数字还是中文 / 英文。
>
> ➢ 有时会把上下左右搞混。
>
> ➢ 没有时间观念，无法守时，不易学习具有顺序性的知识。
>
> ➢ 发音不准，会在读书时颠倒着念或说话总是丢字。
>
> ➢ 有时候仅凭自己难以理解一些事情。
>
> ➢ 阅读后并不能完全理解其中的内容。

➢ 注意力集中时间非常短。

➢ 听课效率低，多动。

➢ 缺乏运动细胞，平衡感较差。

➢ 人际关系处理不好，内向害羞或是性格比较急躁。

（三）多动症与读写障碍的关系

读写障碍的症状与多动症的症状重合度非常高。这往往导致人们对这两种疾病的判断产生困惑。在读写障碍患者中，有30%的人患有多动症；而在多动症患者中，有高达50%的人患有读写障碍。这两种疾病很大可能是共存，一般不会是一种疾病引起另一种疾病。有一部纪录片《我不是笨小孩》讲述的就是多动症合并读写障碍的故事，家长可以找来看看。

（四）如何判断多动症合并读写障碍

一般来说，读写障碍患者经常会读错单词、字词或句子，并且经常无法准确、大声地阅读；多动症患者通常不会误读单词，他们可能因注意力不集中而经常跳过单词或段落，或是根本没有注意到标点符号等。

如何知道自己的孩子是否有读写障碍呢？国际读写障碍协会有一个量表（表3-1），当达到其中的7项及以上时，就有可能是读写困难，需要找专家咨询或到医院诊断。

表 3-1　读写障碍评定量表

	若"是"请打"√"
1. 你书读得慢吗？	☐
2. 你上学的时候在阅读上有困难吗？	☐
3. 你是否经常需要读 2~3 遍才能明白它的意思？	☐
4. 大声朗读会让你觉得不舒服吗？	☐
5. 当你阅读或写作时，会省略字、调换字或添加字吗？	☐
6. 在拼写检查之后，你的拼写中仍会有错误吗？	☐
7. 在阅读的时候，你会觉得不常见的字或词发音困难吗？	☐
8. 你会选择读杂志或短文，而不是长篇文章或小说吗？	☐
9. 你在学校时，有没有发现学习一门外语是非常困难的？	☐
10. 你会尽量避开需要大量阅读的工作或课程吗？	☐

实际上，多动症和读写障碍的诊断是两种截然不同的路径。多动症是一种精神发育类疾病，由精神科医师、心理学家、神经病学家和临床医生进行诊断。读写障碍通常由临床心理学家、学校心理学家、教育心理学家和神经心理学家进行诊断。无论是多动症还是读写障碍，都可能与基因有关，这意味着二者均有可能从父母那里遗传。

（五）父母该如何面对有读写障碍的多动症孩子

对任何一个家长来说，在得知自己的孩子同时存在注意力缺陷和读写障碍时，都可能遭受重大打击。尽管这样，作为父母还是要尽可能多途径帮助孩子，减少他们在学习方面遭遇的挫折与压力，可以试试下面的方法。

1. 树立信心

读写困难对一个人的智力或能力并没有任何影响。有读写困难，并不意味着孩子的学习能力低于平均水平，他们与其他孩子一样聪明，甚至某方面比常人更聪明。但大脑和小脑的信息传达出现障碍，会让这些儿童的学习过程充满艰辛，自信心或自尊心因学业表现不佳而受到较大打击。因此，帮助孩子重建自信是这类儿童的父母首先要面对的问题，也是最重要的一步。比如，我们可以告诉孩子，世界上有很多我们熟悉的名人也曾饱受读写障碍或多动症的折磨，如物理学家爱因斯坦、英国首相丘吉尔、摇滚明星约翰·列侬、将军巴顿、好莱坞导演斯皮尔伯格等，但他们最终用实际行动成就了自己。

2. 寻求帮助

早期干预是治疗多动症和读写障碍的关键。早发现、早干预在任何时候都是非常必要的。由于大多数多动症孩子和读写障碍人群早期都是由老师在学校发现的，这也要求教师对孩子的精神心理问题有一定程度的了解，并经过相关培训。孩子的父母可以多向学校老师寻求帮助。

3. 学习演奏乐器

研究表明，演奏乐器对多动症和读写障碍患者的帮助作用是巨大的。如果有条件，父母可以让孩子学一门乐器，既能陶冶情操，又能缓解症状。

三、网络成瘾

有家长发现，孩子在玩游戏时不仅没有注意力不集中的问题，而且表现为过度投入，很难从中抽身，而一旦开始学习，又会难以集中注意力。这正是多动症症状的表现之一，即过度专注。

（一）过度专注

过度专注指的是一种重度的注意力或创意视觉化，旨在将个人的精神意识投注在一个项目、主题或任务上。在一些有过度专注倾向的人身上，可能以白日梦、概念、幻想、想象和其他脑海中的事物呈现。过度专注某个或某些事情可能会耽误、无法兼顾应该做的事情，而过度专注是多动症的常见症状。

（二）网络成瘾的原因

孩子在玩游戏的时候，大脑会分泌多巴胺。多巴胺是一种用来帮助细胞传送脉冲的化学物质。这种脑内分泌物和人的本能感觉有关，它传递兴奋和开心的信息。多巴胺与各种上瘾行为有关，这也能解释为什么很多多动症孩子一旦开始玩电子游戏或手机游戏，就会沉迷其中，无法自拔。

注意缺陷多动障碍不一定是注意力不足的问题，而是自我控制注意力的问题。多动症患者难以把自己的注意力集中在应该的地方。因此，常人看来简单的任务，对多动症患者来说就可能变得难以完成。多动症患者比常人更容易沉迷于各种刺激多巴胺分泌的活动中，如上网、打电子游戏等。

造成多动症孩子网络成瘾的另一个因素是焦虑。对于那些有社交焦虑症的孩子来说，电子游戏提供了一个"安全"的与人互动的界面，使他们沉迷其中、无法自拔。

（三）父母需警惕的网络成瘾信号

以下表现可帮助家长判断自己的孩子是否已经出现了网络或游戏成瘾。

> 时间观念弱，无法自己控制玩电子游戏的时间。
> 对网络行为进行隐瞒。
> 睡眠变化，失眠或突然惊醒。
> 远离家人和朋友。
> 对其他爱好和娱乐方式失去兴趣。
> 在学校或工作中表现不佳。
> 每天超过 4 小时、每周超过 6 天打游戏。
> 有背痛、腕管综合征、脖子僵硬、神经疼痛、眼睛疲劳等症状。
> 不能意识到游戏上瘾的负面后果。
> 在电脑前吃饭。
> 情绪波动大。
> 出现玩游戏或上网后的戒断症状，如头疼、头晕等。

（四）父母该如何做

如果孩子已经出现了多条上述表现，那父母该如何帮助孩子健康地使用手机？首先，父母要留意孩子身上的潜在上瘾信号，最好搞清孩子玩游戏的动机是什么，是冒险、幻想、逃避、缓解焦虑，还是别的动机。最好能找到让孩子在现实世界中满足这些需求的替代方法。孩子的动机是有效干预的关键。如果孩子需要高强度刺激，可以带他一起做一些运动，如爬山、游泳等。如果角色扮演能激发孩子的兴趣，可以让孩子参加表演或戏剧夏令营。此外，在孩子还小的时候，父母尽量参与他的网络活动，这样就能融入他的生活。请记住，为一个多动症孩子找到刺激他的事情并不是那么容易的，所以如果网络活动带有激励的潜力，也可以利用网络活动帮助孩子成长、变害为利。

四、抽搐和妥瑞氏综合征

有不到 10% 的多动症患者患有抽搐或妥瑞氏综合征。这种疾病的症状有不自主的动作（包括抽搐、眨眼、噘嘴、扮鬼脸、脸部扭曲、耸肩、摇头晃脑）和不自主的发声（包括清喉咙、大叫或发出怪声）。

有 50% 的妥瑞氏综合征患者会伴有多动症。有一部根据真人真事改编的电影《请叫我第一名》，讲述的就是患有妥瑞氏综合征的男孩克服病症、努力实现当老师的梦想的故事。这部电影非常感人，父母可以和孩子一起观看。

五、药物滥用

研究表明，患有多动症的青少年更容易过早吸烟、酗酒和吸毒。他们对尼古丁的上瘾性是正常人的 2 倍。多动症患者需要某些刺激性物品来增加多巴胺的分泌，这是他们吸烟、酗酒和滥用药物的重要原因。

第三节　多动症孩子合并情绪及行为问题的处理

中国有句俗语叫"对症下药"，即只有对症下药才能保证疾病得到有效治疗。作为多动症诊断过程的一部分，医生必须确定是否有其他因素影响患者。多动症的症状可能与其他疾病存在重叠，医生在诊断中面临的挑战是弄清楚一种症状是属于注意缺陷多动障碍，还是属于另一种障碍或者同时属于两种障碍。对一些患者来说，各种疾病的症状重叠，也增加了临床医生诊断的难度，有必要随着病情的发展进行多次诊断。

先治疗哪种疾病，取决于这些症状在个人生活中所造成的损害大小。医生应为患者制订个性化的综合治疗计划，定期检测，以确保治疗方案的有效性，并根据当下的情况做出及时调整。当一个人同时患有多动症和另一种疾病时，医生可能会选择先治疗多动症。这种对多动症的初级治疗可能会减轻患者其他方面的压力、提高注意力并增强其应对其他疾病症状的能力。

多动症的治疗方案包括行为疗法、药物治疗、技能训练、心理咨询等，具体的干预手段和措施见第五章。

参考文献

[1] Burke JD, Johnston OG, Butler E. The irritable and oppositional dimensions of oppositional defiant disorder：intergral factors in the explanation of affective and behavioral psychopathology. *Child Adolescent Psychiatry*, 2021, 30（3）: 637-647.

[2] Noordermeer SD, Luman M, Oosterlaan J. A systematic review and meta-analysis of neuroimaging in oppositional defiant disorder（ODD）and conduct disorder（CD）taking attention-deficit hyperactivity disorder（ADHD）into account. *Neuropsychology Review*, 2016, 26（1）: 44-72.

多动症孩子
常见的躯体健康问题

多动症孩子不仅罹患其他精神障碍的风险更高，而且容易合并更多的躯体问题。

第一节　多动症合并过敏

有 41% 左右的孩子会出现各种各样的过敏问题，导致身体各部位的瘙痒、红肿，还可能会出现腹痛、拉肚子等问题。与普通孩子相比，多动症孩子更易出现过敏问题，而且这些过敏性疾病引起的免疫反应也会反过来影响中枢神经系统，并进一步加重多动症症状。

一、多动症与过敏的关系

2018 年，中国台湾发表的一项大型研究成果证实了儿童过敏问题与多动症的关系（Yang CF，2018）。他们选取了 2772 名 3~6 岁的幼儿，这些儿童身上均存在各种过敏问题。其中，34.4% 的儿童有过敏性鼻炎，16.3% 的儿童有哮喘问题，14.8% 的儿童有过敏性皮炎。这项研究认为，哮喘会通过睡眠问题、心理压力、负面情绪和食欲下降等影响儿童的生长发育，并增加多动症症状。欧洲的一项综述研究分析了多动症与过敏问题的关系，结果发现，多动症儿童更容易出现过敏性鼻炎、特异性皮炎和过敏性结膜炎等问题。其中，与非多动症儿童相比，多动症儿童患哮喘的概率增加 80%（Miyazake C，2017）。英国的一项对 800 多名儿童的调查研究也有类似的发现，多动症儿童更容易患哮喘和过敏性湿疹等疾病。

二、导致多动症患儿过敏的原因

究竟是因为多动症与过敏基因有关，还是因为多动症本身就更容易导致过敏？目前对此问题还没有一个明确的答案。曾有研究调查了中国台湾地区的 31 所小学的 216 名多动症儿童的静脉血白细胞、免疫细胞以及血清水平。结果发现，多动症儿童更容易患各类过敏性疾病，如鼻炎和湿疹。这些儿童体内的血红蛋白水平明显更低、免疫球蛋白数量明显增加。也就是说，多动症儿童的免疫能力差会导致其过敏问题更为严重。此外，多动症儿童的过敏问题与基因也有一定的关系。哮喘作为一种常见的呼吸系统过敏性疾病，导致其发作的基因与多巴胺受体有关，而多巴胺分泌异常也是导致多动症的主要原因。另外，对特异性皮炎和食物过敏的研究结果也显示，多动症与过敏有着复杂的基因遗传关系，而神经元代谢紊乱和免疫失调仅仅是发病的一部分原因。

第二节　多动症合并睡眠障碍

一、多动症与睡眠障碍的关系

睡眠障碍在多动症患者中极为常见，如果不及时治疗，会严重影响患者的日常生活。有 25% ~ 50% 的多动症患者会出现睡眠问题，如失眠和嗜睡症。而有 33% 的嗜睡症患者会出现多动症症状。多动症患者从青春期开始便有可能经历失眠、入睡困难和睡眠时间短等问题，这增加了患者出现睡眠障碍的风险。此外，多动症儿童常常会做噩梦，尤其是有过失眠经历的儿童。

这些睡眠问题往往随着年龄的增长而增加，两者的联系在 8 ~ 10 岁达到顶峰。具体表现为，即使是那些白天活动很少的人，也可能在晚上出现思维混乱和精力旺盛的情况，从而影响睡眠。对于某些人来说，夜间提供了"高度关注"的绝佳机会。因为干扰较少，这使得他们的大脑难以安静下来准备入睡，并导致睡眠 - 觉醒时间表被打乱。进而，患者会由于夜间睡眠不佳而在白天感到困倦和难以醒来，并导致嗜睡（Helfer B，2020）。这些都证明了睡眠障碍对多动症病程进展以及治疗的重要影响。

二、多动症孩子如何改善睡眠

研究发现，对睡眠的行为干预可以改善个体的睡眠、多动症症状、日常功能、行为以及生活质量。对患有多动症的孩子来说，确保定时的就寝时间和健康的睡眠习惯非常重要。以下的一些建议可以帮助多动症孩子改善睡眠。

> ➤ 避免睡前 1 小时看视频或电视。
>
> ➤ 避免在晚上进行需要高度专注的刺激性活动。
>
> ➤ 让床成为专供睡眠的区域。
>
> ➤ 白天获得足够的运动和阳光。
>
> ➤ 制定自己喜欢的就寝习惯，如读喜欢的书、与宠物共度时光或洗个热水澡。
>
> ➤ 保持卧室黑暗、凉爽和安静，必要时使用白噪声来阻挡侵入性噪声。
>
> ➤ 每天在同一时间睡觉和起床，选择一个切合实际且适合年龄的时间，以获得适合儿童年龄段的推荐睡眠时间。

第三节　多动症合并发育性协调障碍

一、何为发育性协调障碍

发育性协调障碍（developmental coordination disorder，简称 DCD）是一种以动作协调障碍为主要特征的儿童发育性疾病，主要表现为在粗大运动和精细运动的组织和执行中存在明显困难。研究表明，与对照组儿童相比，患有发育性协调障碍的儿童更不成熟、更孤立、更被动，从而限制了他们进行与自我照顾和学习相关的日常活动的能力。

二、多动症与发育性协调障碍的关系

发育性协调障碍已被证明会影响多动症儿童的临床表现。一项涉及 589 名多动症患者的观察研究报告称，至少有 50% 以注意力不集中为表现的多动症患者被同时诊断为伴有发育性协调障碍，这表明多动症与发育性协调障碍同时出现在易感孩子身上的概率会很高。另一项长期随访前瞻性研究也发现，同时被诊断为患有多动症和发育性协调障碍的青少年与对照组青少年相比，前者不仅面临着预后恶化的风险，而且还会有更高的精神障碍或人格障碍的风险。因此，及时诊断及区分发育性协调障碍并进行有效干预对多动症的治疗来说至关重要。

三、发育性协调障碍的临床干预

虽然本体感觉是机体保持平衡的主要因素，但视觉系统的调整作用不容忽视。视觉系统为我们提供了周围环境及身体运动和方向的信息。机体的平衡功能一旦出现障碍，则会影响个体运动的稳定性及日常诸多活动的表现。多动症合并发育性协调障碍的儿童常表现为平衡感差和动作迟缓，有的父母甚至发现自己的孩子在幼年学走路时经常跌跌撞撞，特别容易摔倒，在这种情况下更要及时关注。视反馈平衡训练则是一种能够有效改善发育性协调障碍的方法。这种训练是通过对受试者在闭眼状态下静态平衡能力的评估，从而帮助患者进行平衡康复训练。

2001 年，北京大学精神卫生研究所开始研究视反馈平衡训练对多动症患者认知功能的影响。当年，研究人员采用平衡仪对 36 名多动症患儿进行了每周 2~6 次、共 20 次治疗，并与 36 名正常儿童进行对照比较，结果发现多动症患儿长时记忆、记忆商和 C 因子分明显低于正常对照（程嘉，2006）。2021 年，该团队的科研人员又进行了以平衡训练作为辅助手段改善多动症儿童行为的作用研究（Feng L，2021）。该研究在兴奋剂哌甲酯的基础上加入了平衡训练进行比较。27 名实验组多动症患者接受哌甲酯和平衡训练相结合的治疗，而对照组仅接受哌甲酯药物治疗。在 6 个月 40 次训练后，实验组在核心症状和行为问题的评分上优于对照组，说明平衡训练辅助手段能明显减少多动症儿童的症状。

除特殊的需要仪器辅助的平衡练习外，在日常生活中，我们还可以通过一些简单的动作来改善平衡能力。例如，当在家站立一段时间或外出时，试着用一只脚保持平衡，或者尝试顺着一条直线行走。此外，还可以尝试太极拳运动，以此来改善平衡能力，增强稳定性。

第四节　多动症合并偏头痛

偏头痛是一种神经系统疾病。偏头痛患者一般一个月发作 1～3 次，还会伴随视觉障碍、恶心、呕吐、头晕，四肢或面部刺痛或有麻木感，对各种声音、光线、触觉和气味都非常敏感。很多多动症儿童会对声音、光线、气味等刺激更加敏感，这更容易触发他们的偏头痛问题。

一、多动症孩子的偏头痛

有 26% 的儿童经历过原发性偏头痛，而多动症儿童发生偏头痛的概率至少是普通儿童的 2 倍。偏头痛会降低大脑处理信息的能力，让多动症患者的学习和工作能力变差。一项综述研究共纳入了 243 名多动症儿童和青少年患者，并分析了各种可能引起头痛的风险。该研究发现，有 44% 的多动症患者会出现偏头痛，其中男性占比为 35.8%，女性占比为 64.2%。

二、多动症孩子偏头痛的原因

（一）情绪变化

2017 年的一项大型研究选取了 5671 名 5～12 岁儿童，发现多动症的严重程度直接决定了偏头痛发作的频率和疼痛程度。学者们认为，多动症患儿之所以偏头痛发作更频繁，与他们身上的负面情绪，如压力和焦虑障碍有关。这让他们对周边环境更加敏感，任何一个小问题都会引发他们的偏头痛问题（Arruda MA，2017）。

（二）药物

多动症药物也可能导致多动症儿童出现偏头痛症状。除了药物本身导致的副作用，很多兴奋剂类多动症药物，如哌甲酯，会通过刺激人体分泌多巴胺，进而减轻多动症状。但是，兴奋剂类药物会导致儿童长时间没有精神，大脑神经反应异常，从而引发偏头痛等问题。

三、如何解决偏头痛问题

偏头痛不仅会影响人的正常生活，还会增加很多情绪负担。每次偏头痛发作的时候，很多人会直接到药店买非处方止痛药来抵抗偏头痛。但经常使用非处方止痛药不仅会导致偏头痛的反弹，还会带来一系列其他健康问题。对家有多动症患儿的父母来说，如果您的孩子也存在偏头痛问题，您可尝试通过以下方式帮助孩子缓解偏头痛。

> ➤ 养成健康的睡眠习惯，规律饮食，不要让孩子过度劳累或承受太大压力。
> ➤ 远离强光、浓烈的气味、烟雾、污染、突然的压力变化（比如飞机起飞时）。
> ➤ 避免过度使用止痛药。
> ➤ 避免让孩子摄入太多食品添加剂。

　　如果多动症孩子存在任何偏头痛问题，不要试图自行解决。建议家长带着孩子去咨询专业的医生，通过处方药以及医生的建议对症治疗。

参考文献

[1] Arruda MA, Arruda R, Guidetti V, et al. ADHD is comorbid to migraine in childhood: a population-based study. *Journal of Attention Disorders*, 2017, 1-12.

[2] Feng L, Ren YC, Chen J, et al. Balance training as an adjunct to methylphenidate: a randomized controlled pilot study of behavioral improvement among children with ADHD in china. *Frontiers in Psychiatry*, 2020, 11: 552174.

[3] Helfer B, Bozhilova N, Cooper RE, et al. The key role of daytime sleepiness in cognitive functioning of adults with attention deficit hyperactivity disorder. *European Journal of*

Psychiatry, 2020, 63（1）：e31.

[4]Miyazake C, Koyama M, Ota E, et al. Allergic diseases in children with attention deficit hyperactivity disorder: a systematic review and meta-analysis. *BMC Psychiatry*, 2017,17（1）: 120.

[5]Yang CF, Yang CF, Wang IJ. Association between allergic diseases, allergic sensitization and attention-deficit/ hyperactivity disorder in children: a large-scale, population-based study. *Journal of the Chinese Medical Association*, 2018, 81（3）: 277-283.

[6]程嘉，王玉凤，丰雷. 注意缺陷多动障碍儿童视反馈平衡功能训练前后认知功能的比较. 中国实用儿科杂志，2006，21（3）：174-176.

多动症的临床干预

Love and Respect

尽管多动症在儿童和青少年中的患病率并不低，但实际上，生活中被及时确诊为多动症的患儿并不多。只有不到 60% 的多动症孩子得到了诊断与治疗，而这其中又只有不到一半的孩子接受了药物治疗。对父母来说，最为关心的问题大概是，一旦孩子被确诊为多动症，该如何进行干预。

多动症并不可怕，可怕的是未能及时识别并给予规范的治疗。这不但会影响患儿的身心健康，以及学习和生活的方方面面，甚至会使孩子出现对立违抗障碍、学习障碍、情绪障碍及品行障碍等。当孩子一旦被诊断出有多动症，应该由医生、父母和老师共同合作，一起为患儿提供更加适宜的教育与管理模式。

多动症一般遵循早诊断、早治疗的原则，即一旦发现孩子存在行为及情绪异常，就应尽早给孩子做诊断，并在医生的指导下开展治疗。6 岁以下儿童以行为治疗为主，6 岁以上儿童由于面临更多学业方面的要求，因此以药物治疗及各类行为干预治疗为主。此外，多动症一旦开始治疗则需要长期治疗，且在治疗的过程中需要长期密切随访。目前，多动症的主流治疗方式包括行为干预与培训、药物治疗、心理治疗及其他辅助治疗。

第一节　行为干预与培训

常见的行为干预与培训主要针对父母、患儿及教师三个方面。其中，以面向父母和患儿的行为干预与培训较为常见。

一、父母培训

对家有多动症患儿的父母来说，照顾这样的孩子是一项非常具有挑战性的工作。培训父母是对多动症孩子进行干预的第一个环节，同时也是最重要的一环。父母是与多动症孩子相处时间最长的人。美国儿科学会建议，对6岁以下的多动症孩子，不应该以药物干预作为主要治疗手段。父母对孩子的行为干预应该起主要作用。6～18岁的多动症孩子应当以父母行为教育为主，加上课堂行为干预和辅助药物干预。一些常见的游戏疗法和谈话疗法无法保证对年龄较小孩子的干预效果。父母应当多花时间陪伴多动症孩子，并尽可能参与专业的父母行为管理培训（具体内容详见本书第八章）。

接受父母培训并不意味着您是一个糟糕的家长——它旨在向家长和看护人传授多动症的行为管理知识，同时增强家长对照顾多动症孩子的信心。首先，父母应该了解自己孩子的问题，并根据自己孩子的问题记录症状，与老师和医生沟通，共同合作。其次，在生活和工作中为孩子树立积极、正面的形象，鼓励他们参与更多的社会活动和课外活动。最后，家长应该对孩子在日常生活中的行为进行及时纠正和鼓励。

具体来说，以下一些简单的方法就能有效地帮助多动症孩子。

1. 制定时间表

让多动症孩子形成每天固定的行为时间表，如固定时间起床、睡觉，固定时间做作业、玩游戏、做运动等。如果临时有变动，需要提前和孩子商量好。

2. 整理日常物品

帮助多动症孩子养成物归原处的习惯，如书包、玩具等，每次用完之后都要放到指定的地方。

3. 用计算机代替手写

多动症孩子很难长时间一笔一画地写作业，因为他们的注意力难以长时间集中。可以试着用计算机代替手写来完成作业。

4. 多鼓励

多动症孩子可能会在很多任务中表现得不好，他们本来就很期待自己能完成某项任务，但如果得到的一直都是负面反馈，就会让他们认为自己很差劲。相反，积极的鼓励才更符合多动症孩子大脑需要正向反馈的特征，让他们更积极地改善自己的行为。

5. 运动

运动能刺激多动症孩子感觉系统的发育，调节其大脑功能。已有证据表明，有氧运动（如跑步、骑车）、韵律性运动（如跳舞）、球类运动（如踢足球、打网球）等，都能帮助多动症孩子有效改善多动症症状。因此，父母应让多动症孩子多运动。

6. 听音乐或学习乐器

人体处理音乐节律的脑神经和导致多动症的神经系统之间存在很多重叠部分，节奏感和韵律性强的音乐能够促进改善多动症症状。让多动症孩子多听音乐，或者练习一样乐器，都能有效提高他们的认知能力，改善他们的情绪。

7. 父母积极参加多动症孩子的父母培训计划和训练项目

这些针对家长的培训和教育项目可以帮助父母更好地学会与孩子交谈、玩耍，以提高他们的注意力、改善行为。父母可以接受专业的家长教育培训，这些课程通常以 10～12 位家长组成的一个小组进行，一个项目通常由 10～16 个会议组成，每个会议的时间长达 2 小时。目前，国内的一些医院已经建立了多动症"父母小组"，提倡规范化治疗，以提高多动症诊疗的依从性、和谐性和坚持性。此外，家长也可充分了解所在地区或社区为多动症孩子提供的福利和帮助。总之，在医生的指导下，通过科学规范的诊疗，多动症孩子也可以实现身心健康，并拥有和正常孩子一样的美好人生。

多动症患儿需要更多的鼓励和赞美

多动症患儿和正常儿童的大脑在执行功能和情绪调节功能方面有着显著的差异，而且多动症患儿脑区的多巴胺水平较低，这就使他们对奖励、欲望以及成功和失败等情绪反应更加迟钝，必须更加努力来获取关注。通常，患有多动症的孩子会比正常孩子经历更多的挫折与失败，从而导致他们产生更多负面情绪与压力，进一步加重病情。主要表现为：这些孩子缺乏表达的欲望，极度害羞，害怕失败而不敢尝试。因此，多动症患儿更需要家长采用不同的方式来鼓励和赞美他们。这种鼓励和赞美不仅能帮助刺激他们大脑多巴胺的分泌，而且可以起到训练大脑的目的。例如，经常鼓励他们去做自己喜欢的事，尝试不同的事物，不要惧怕失败，并让他们感受到不同情感的变化。自信、开心和兴奋的情绪能够刺激患者的大脑，使其保持活跃的状态。具体来说，可以尝试运用以下方式。

● 当孩子一旦表现出良好的行为或听从父母的意见时，请立即称赞他，并向孩子详细说明你赞美他的原因。

● 使用不同的话语来表达你对孩子的感谢或赞美，如"谢谢""干得很好""我很喜欢你努力的样子"等话语都有助于让孩子保持积极的状态，获得正能量。

● 当孩子一旦完成一个任务或达成一个预期的目标（举手后再发言）时，就给予他肯定与奖赏，可以是他爱吃的零食、喜爱的玩具，口头表扬或一次外出游玩等。这样，当孩子下次有类似的行为时，就会有足够的动力做更充分的准备，尽可能实现目标。

二、多动症孩子的行为技能训练

（一）多动症孩子的"丢三落四"

很多家长发现，自己在生活和工作中都能做到井井有条，而孩子却经常把东西放错地方、书桌乱七八糟、柜子就像被小偷光顾过一样。

组织和管理能力差是多动症孩子的重要表现。2018 年，美国科学家调查了 103 名 8～13 岁的多动症孩子，并对他们的组织能力进行了评估，结果发现多动症症状越严重的孩子，其组织能力越差。这一缺陷由孩子的短期记忆能力缺陷所引发，即孩子的短期记忆能力缺陷使他们无法完成期限内的任务，无法跟踪任务的完成情况，从而导致组织管理技能差。这项研究指出，如果孩子能在完成任务的时候加入外部口头指导，比如自言自语、大声讲话，或者在任务遗忘前大声复述任务等，就能减轻这种组织能力缺陷（Kofler MJ，2018）。

一项研究发现，多达 30% 的多动症孩子没有达到他们所在年龄段该有的智力水平和生活能力，这主要与他们的自我管理能力缺乏有关。大多数针对多动症孩子管理技能干预的训练都偏重于训练他们的课堂准备能力、家庭作业完成能力以及上学所需材料的准备和归整能力。比如，在课前准备好上课所需要的课本、作业本、文具盒以及相关材料等，并自行决定是否把需要带回家的材料都一一带回家。通过课堂准备清单和家长观察儿童的作业相关行为清单，对多动症孩子进行训练并干预。这项研究指出，对 37 名多动症孩子进行每周 2 次、持续 8 周的组织能力干预训练，就能明显提升他们的组织管理能力。起初这项组织能力培训在学校进行，后期培训人员对这些多动症孩子的家长也进行了两次培训，让他们学会如何进行多动症孩子行为能力监控，并熟悉干预训练的过程，从而让训练的效果从学校延伸到家庭。

（二）如何让多动症患儿变得更有组织性

对父母来说，可以利用以下 6 种简单可行的方法帮助多动症孩子，使其变得更有组织性。

1. 列出时间计划表

简单的时间计划表能帮助人们厘清什么是重要的、什么是不重要的。由于多动症孩子存在时间管理障碍，家长可以帮助孩子学习时间管理技巧。比如，下午 2 点要出门见一个人，应先估算出收拾打扮自己大概需要花费多少时间、路上需要花费多少时间，然后据此推算出大概需要几点开始准备与出门相关的事情。

2. 严格遵守规则

孩子每天放学回家后，什么时间吃饭、什么时间做作业，都应该严格遵守一个时间表。只有在完成所有作业后，才能开始吃零食或进行其他课外娱乐活动。在家里需要贯彻的一条规则是：家庭作业比任何活动都重要，只有完成了家庭作业，才可以进行别的活动。需要注意的是，即使孩子完成了家庭作业，也要控制他看手机或者其他电子设备的时间。家长可以和孩子一起出去健身、散步，或者一起读书，以此减轻孩子对手机等电子设备的渴望。

3. 设置醒目的视觉提醒

多动症孩子对视觉刺激会非常敏感，尤其是有色彩的东西。把每天的时间计划都写在鲜艳的本子上，这样就能让每项任务都具有提醒作用。用不同颜色的文件夹来收纳不同科目的作业和资料。另外，把需要紧急完成的任务放在醒目的地方，有助于帮他们更快地完成任务。比如，出门前用红色绳子系好钥匙，放在他们出门必经且醒目的地方，就能提醒他们出门带钥匙。

4. 定期清理不需要的物品

家里乱七八糟只会分散多动症患儿的注意力。半个月或一个月定期做一次大扫除，清理不需要或者不常用的物品，能帮助他们腾出更多的空间。

5. 设定可行的小目标

一次完成多个任务不但会让多动症孩子感到挫败，而且会使他们无法分清事情的轻重缓急。一次只完成一个任务，每次都设定一个小目标，能让他们更有成就感。

6. 让任何物品都有家

家长可训练多动症孩子将每次取来的物品放归原处，这样不仅物品摆放井井有条，还能减少他们下次找东西花费的时间。

（三）如何纠正多动症患儿做作业磨蹭、拖拉的问题

其实，对于多动症患儿来说，写作业拖延或忘记写作业，并不是他们有意为之，而是他们的注意力不集中，计划和组织能力差，记忆力受损，优先顺序不清，时间管理能力差导致的。

国外一项关于改善拖延的综述研究发现，多动症患儿的组织能力、整理能力和时间管理能力均存在问题，主要表现为不会整理书桌，无法及时准备上课所需材料，下课后忘记家庭作业，做作业拖延，以及对时间的计划不足，导致错过交作业的

时间。而对多动症孩子组织技能的干预，如整理归纳技能、时间管理技能的培训，能较好地改善他们写作业拖延的问题。

瑞典的一项研究让 55 个写作业经常拖延的孩子参与了为期10 周、每周 1.5 小时的培训。培训的内容包括整理课桌、分清楚什么是必须做的事和什么是喜欢做的事、分清楚任务的优先级、如何划分时间结构、如何在短时间内完成最多的事情、预估完成某项任务的时间、给自己制订完整的周末计划、整理凌乱的书桌和餐桌等。结果发现，经过 10 周的干预，这些孩子的时间管理能力、组织和计划能力都有了明显的改善，而且他们对自己日常生活和学习任务的满意度都有了明显的提升，尤其是在计划任务的优先级、学习新任务的次序安排上有了明显的改善（Holmefur M，2019）。也就是说，家长通过协助孩子厘清每天应该做的事情，帮助他们培养时间观念和计划组织能力，能大大提高孩子管理时间的能力，纠正写作业拖延的问题。

三、学校参与

针对多动症学生的课堂帮助主要包括两个方面：一是课堂行为管理，二是组织培训。其中，课堂行为管理包括教师鼓励学生在课堂上的积极行为和正确行为，并及时阻止他们的错误行为。这种以教师为主导的管理方式会非常有效地影响学生的行为，提高他们的学习参与度，而且该方法几乎适用于所有年龄段。

此外，学校还应该多关注多动症孩子完成作业的情况，核对他们是否了解自己想要做什么，让他们选择各自擅长的领域；确保孩子写作业的时间不要太长，且尽量避免重复性的作业；保证充足的运动锻炼并多与他们沟通；借助环境和技术协助他们更好、更有计划地一步步完成学习任务。当行为和环境实在无法起作用的时候，可以考虑采用药物来进行辅助治疗。

第二节　药物治疗

由于多动症是一种慢性神经发育障碍，目前临床有较为成熟的药物可以治疗此类疾病，且疗效较好。药物有两类：一类为中枢兴奋剂，如哌甲酯、安非他命等。此类药物主要通过增加大脑多巴胺和减缓多巴胺被重新吸收的速度来减轻多动症症状。另一类是非中枢类兴奋剂，如托莫西汀、去甲替林、胍法辛和可乐定等。这类药物主要通过增加患者大脑中去甲肾上腺素的浓度，从而提高注意力。哌甲酯和托莫西汀是由美国食品与药品监督管理局认证、中国国家药品监督管理局准入使用的临床一线用药，在中国已有超过 10 年的临床应用时间，同时也是中国目前使用最广泛、疗效最显著的治疗多动症的药物。

一、常见的多动症药物介绍

（一）哌甲酯

哌甲酯是一种中枢神经系统兴奋药，其特点是起效快，在体内持续时间为 10～12 小时，可明显改善多动症患儿的注意力，提高学习效率，减少多动、冲动等行为。在给患儿用药之前，应排除心血管疾病，并在用药期间定期监测体重、身高、血压和心率等。该药须整粒吞服，不可咀嚼或掰开服用，不能用于患有青光眼、正在使用单胺氧化酶抑制剂或正在进行抗癫痫治疗的儿童。另外，哌甲酯对 6 岁以下儿童慎用。哌甲酯常见的不良反应包括头痛、腹痛、食欲低下、眩晕等。这些不良反应常在治疗早期出现，服药一段时间后，不良反应会有所减轻。

（二）托莫西汀

托莫西汀是一种非中枢兴奋剂，其特点是起效较慢，一般 1～4 周起效，6～8 周效果明显，10～12 周疗效最大化。此药通常按照患儿的体重计算给药量。为减轻不良反应，采取逐渐递增的给药方式，并强调足剂量、足疗程。此药能够显著改善患儿的注意力及多动、情绪等问题。在服药之前，应排除闭角型青光眼，用药期间定期监测患儿身高、体重、血压、心率，不可与单胺氧化酶抑制剂合用。

二、药物使用安全问题

（一）多动症患儿家长的误解

很多父母在得知孩子患有多动症后，对医生的用药建议会有各种误解。

误解 1：兴奋剂药物很危险，并且不应该让任何孩子服用。

误解 2：兴奋剂药物只掩盖了"真正的问题"，并未真正从根源上解决孩子的多动问题。

误解 3：兴奋剂药物使儿童"亢奋"，它们会产生像毒品一样的效果，且会让孩子上瘾。

误解 4：兴奋剂药物抑制儿童的发育，并且这类药物的使用严格受年龄的限制。

误解 5：兴奋剂药物只能用于幼儿。

误解 6：兴奋剂药物在提升孩子学业表现方面不能带来持续的效果。

误解 7：兴奋剂药物，如哌甲酯会致癌。

误解 8：兴奋剂药物会导致儿童猝死。

其实，上述误解都是因为家长对多动症药物缺乏了解导致的。

一项针对多动症药物长期效果的综合性研究发现，儿童使用药物治疗多动症的过程中，出现副作用或不良事件的概率为58%～87%，大多数都是轻度或中度问题，只有 7%～25% 的患儿在出现不良反应后需要停药。

（二）多动症药物常见的不良反应

一项综述研究在欧洲多动症研究中心公布的《多动症不良反应管理指南》的基础上，结合 2012—2017 年发生的多动症药物治疗不良事件，总结出多动症药物的5种常见不良反应。

1. 胃肠道不适

很多孩子会在服用多动症药物的同时出现胃痛、恶心、食欲不振甚至体重减轻等副作用。其中，服用安非他命的患儿中有32%的人出现了体重减轻、26%的人出现食欲下降；而服用哌甲酯的患儿中有24%的人出现食欲下降；服用托莫西汀则会导致上腹部疼痛（21%）和情绪障碍（17%）。这些药物的副作用在用药第6个月的时候最明显，之后会逐渐减弱。

2. 心脏问题

丹麦对71.34万名儿童进行了为期九年半的研究，结果发现所有兴奋类药物都会增加血压，其中舒张压会平均升高0.133~0.665千帕（1~5毫米汞柱）。科学家建议，在服用任何多动症药物之前和服药之后都应该及时监测患儿的脉搏和血压，并评估患儿的心脏病家族史、运动型晕厥史和其他心血管问题。

3. 影响生长发育

使用兴奋剂类药物会导致多动症孩子身高增速变慢、体重减轻。国外一项综述研究发现，使用兴奋剂类药物治疗的第1~3年，多动症孩子的身高增速每年减少了1厘米，体重则在3年内减少了3千克，之后有所恢复。另一项研究发现，从青少年时开始持续服用多动症药物的孩子，其身高比同龄人低2.55厘米左右，而且服用剂量越大，成年后身高与同龄人相差越多。

4. 睡眠问题

多动症患者出现各类睡眠障碍，不仅有多动症本身的原因，还有多动症药物的原因。研究发现，服用哌甲酯的多动症孩子平均活动减少，总睡眠时间减少，入睡所需的时间更长。研究人员建议，如果多动症药物影响了孩子的睡眠或加重了孩子的睡眠障碍，家长可考虑在咨询儿童精神科医生后调整药物剂量或更换药物。

5. 抽搐

兴奋剂类药物会增加脑内多巴胺的水平，从而增加多动症孩子发生抽搐的可能性及严重性。一旦在用药的过程中出现抽搐问题，家长应尽快减少用药剂量或考虑更换药物。

（三）药效的评估

多动症患儿用药是一个长期的过程，用药后有 70% ~ 90% 的孩子多动、冲动、注意力不集中等症状能得到改善。他们不仅在家更能遵守规矩、听从指令，而且在学校也能够更好地听讲，与同学友好相处，情绪得以改善，学习成绩也会明显提高。在给孩子服药期间，家长还需多与任课老师及班主任沟通，及时了解更多有关孩子在校期间的表现，一旦得知孩子的行为有所改善，就应该及时给予鼓励和表扬。但是，家长需要知道，仍有多达 10% ~ 30% 的多动症孩子对任何一种药物都不能产生积极的反应。在大多数情况下，兴奋剂疗法的最好效果得益于药物治疗与其他心理及行为治疗相结合产生的综合治疗效果。

三、"药物假期"问题

"药物假期"也叫作结构性治疗中断，是一种故意暂停用药的治疗方式。由于多动症患儿在周末、寒暑假或其他假期的时候不需要上课，很多担心药物副作用的家长认为这个时候不需要使用药物帮助孩子集中注意力，因此主动让孩子暂停服用多动症药物。实际上，这样不规律用药会给孩子的疾病治疗及监测带来很多麻烦。第一，最大的问题是当孩子因症状的反复需要再次用药时，医生需要重新对孩子的情况进行评估。第二，药物吃吃停停，孩子的症状反反复复，之前已建立起的良好行为不易保持巩固。因此，家长千万不可擅自给孩子停药。经过一段时间的药物治疗，家长会发现孩子的症状有明显的改善，学习成绩也会提高，这虽然是令人可喜的事情，但需要注意的是，有时症状会在稳定了一段时间后再次出现反复，这时就要求家长细心观察，带孩子定期就诊，这样医生才能根据症状的变化及时调整药物。

关于停药问题，儿童精神病学专家艾伦·莱维茨（Alan Ravitz）博士建议，除非有特殊理由，否则尽量不要在假期给孩子停药。莱维茨博士认为，多动症患儿坚持全年治疗比中断治疗其行为表现更好。更为重要的是，多动症患儿及其家人都需要明白，多动症不仅影响课堂表现，很多儿童的深度社交、高质量社交活动是在寒暑假进行的，他们虽然在这个时间段不用上课，但这个时候是发展运动技能和社交技能的好时候。药物能帮助多动症患儿在运动中集中注意力，在社交活动中更好地控制自己的行为，从而获得幸福感。莱维茨博士认为，对于一些仅存在注意力问题的孩子来说，他们的行为问题较少，能在假期和家人朋友很好地相处，这种类型的多动症患儿是可以在假期适当选择停药的。但对于冲动、多动型或混合型的多动症患儿，家长还是需要谨慎考虑是否让孩子在假期停药。一旦停药，他们很容易因为冲动和多动问题在和家人、朋友相处时发生冲突或矛盾，甚至发生意外事故。

药物吃吃停停的危害

小易是一名四年级学生，在二年级时就被诊断为混合型多动症，医生建议使用药物治疗。家长觉得孩子还小，认为一旦用药就无法摆脱药物，心理负担很重，不太愿意接受医生的建议，想进一步观察。

结果小易的症状逐渐加重，四年级下学期时出现考试时不会做题目、与同学相处时有攻击行为、在家不听父母的话、写作业拖拉等情况。于是母亲再次带着小易去其他医院就诊，再次评估后给出的仍然是原先的诊断结果，医生依然建议服药治疗。这一次，孩子的母亲决定让小易吃药。大约两周后，小易的情况开始有所改变，上课不再乱说乱动了，考试也能完成试卷了，与同学之间的冲突也减少了，老师和家长都感觉到小易有了明显的进步。

用药一学期后，母亲觉得小易的情况稳定了，担心食欲不振会影响孩子生长发育，因而在假期悄悄停了药。结果发现，假期里小易不但体重没有增长，而且过去的那些症状又出现了，对家长的顶撞和对时间的控制性差表现得尤为突出。开学后，老师又开始向小易的父母"告状"了，这时小易的妈妈才领悟到"药真的不能停"。

第三节　心理治疗

认知行为疗法（cognitive behavioral therapy，简称CBT）是一种短期的、有针对性的心理治疗方式，主要通过改变患者的消极思维模式，发现个体对自己能力和对未来的感觉，从而重建患者的认知和行为过程。认知行为疗法最初用于治疗情绪障碍。

多动症是一种慢性的、持续性的功能失调综合征，患者的各种执行功能都受到损伤，出现注意力差、短期记忆损伤、时间观念差、管理计划能力弱、爱冲动、爱拖延等问题。当这些问题频繁地扰乱他们的学习、生活和工作时，很多人就会陷入自我怀疑、焦虑等不健康的自我认知中。久而久之，这种负面的情绪和想法会影响一个人处理问题的方式。比如，由于担心犯错误，就直接把一个任务一拖再拖，晾在一边，心里却越来越着急，只能到最后几天草草了事，敷衍任务。又或者会过分纠结于自己犯过的错误，而忽略了自己的成绩，认为自己做不好任何事。一旦出现这种想法，就会让他们更难专注于眼前的任务。

认知行为疗法虽然并不针对多动症的核心症状——注意力不集中、多动和冲动等问题，但它在帮助多动症患者解决日常生活中遇到的一些困难，比如拖延、时间管理能力差等方面却十分有效。几乎所有的多动症患者在面对别人的建议时都会说："我也知道要做什么，但我就是不想动。"认知行为疗法的重点在于，根据每个人遇到的不同挑战，在有针对性地鼓励个体完成任务的同时，鼓励他们参与能提高个人满足感和幸福感的事情，比如睡眠、锻炼、培养爱好等。此外，认知行为疗法还教会人们放松的技巧、解决问题的策略、调节情绪并理解别人感受和想法的能力。澳大利亚科学家在对 228 名 8~18 岁的多动症患儿进行 10 次 CBT 治疗后发现，认知行为疗法能明显降低多动症患儿的焦虑水平，减轻多动症症状。此外，这些经过 CBT 治疗的患儿在睡眠、生活质量及认知功能方面也比那些没有参加 CBT 治疗的患儿表现要好（Sciberras E，2019）。

无论是儿童多动症患者，还是成年多动症患者，都可以用认知行为疗法来改善症状。

> ➤ 规划和安排活动：通常，治疗师会帮助多动症患者学习使用日历或手机应用来安排每天的生活、有效管理时间。
>
> ➤ 认知重构：很多多动症患者在人际关系中会产生各种消极想法，治疗师会帮助他们进行认知重构，使他们能够

正确对待自己的消极想法。

➤ 积极自我对话：认知行为疗法帮助多动症患者采用更加积极的自我同情和自我鼓励的方式，通过积极暗示来减少他们面对挑战时的消极情绪。

➤ 改善分心和拖延：多动症患者大多都有拖延症，还很容易分心。他们很容易先去做简单或不重要的事情，后做更重要的事情，这其实也是另一种拖延。认知行为疗法帮助多动症患者写下需要完成的任务并把它放在一边，等那些最重要、最紧急的任务完成后，再去完成那些不太重要的事情。

　　与药物治疗不同，CBT 治疗结束后，能将新的技能转化为个体的生活习惯和生活方式并使其受益终生，并且 CBT 治疗只需进行几次就能看到明显的效果。虽然认知行为疗法有一定的作用，但它仍然无法替代多动症药物。很多药物能帮助患者改善注意力不集中和冲动多动的症状，但他们依然无法摆脱拖延问题。因此，药物结合认知行为疗法一起治疗多动症，才能更好地解决多动症带来的各种问题。

第四节　其他辅助治疗

一、运动和音乐

近年来，越来越多的医生和学者建议多动症患者通过运动和音乐等非药物治疗方式来促进体内多巴胺功能的平衡，改善症状。

音乐能有效提高多动症患者的注意力水平，增强他们的社交能力。另外，神经科学研究发现，音乐能激发神经突触的传递效率，促进大脑中多巴胺的分泌。而运动可改善多动症症状的临床案例和实验研究更是数不胜数。丹麦研究人员 2019 年发布的一项实验结果，有力地证明了有氧运动有助于提高多动症孩子的认知能力（Christiansen L，2019）。美国佐治亚州立大学的罗德尼·迪什曼（Rodney Dishman）博士对运动的神经生物学机制做了研究综述，他提到"长期锻炼可以改善蓝斑核功能，提高神经信号传递质量，这使我们比较少地做出不适当的反应，也更加不会感到烦躁"（Dishman RK，2012）。

总之，对多动症孩子来说，运动绝对是一种值得尝试的非药物治疗手段。家长应鼓励孩子定期参加户外运动，有效提高他们的注意力，缓解其身心压力。建议每个多动症孩子根据自己的兴趣尽可能参加多种不同的运动，并尝试在每天的不同时间段进行运动，配合不同的音乐来增加运动的趣味性。

虽然运动能代替药物减缓多动症症状，但其效果只能在运动后持续几个小时。学龄期儿童和青少年患者每天用于运动的时间有限，所以运动结合药物、音乐等多种手段的综合治疗在缓解多动症症状方面的效果会更好。

二、饮食干预

大量国内外研究结果表明，饮食习惯不当和营养不良会增加儿童患多动症的风险。

（一）多动症孩子应避免摄入的食物

1. 糖果、含糖饮料和精致主食

糖果、含糖饮料以及大米、白面等精致主食对多动症孩子的健康不利。不仅是食物中所含的糖，阿斯巴甜等人造甜味剂也会提高大脑的氧化应激水平、加快细胞凋亡的速度。中国台湾地区的一项研究选取了 173 名 4～15 岁的多动症孩子和 159 名健康孩子，调查了他们的含糖饮料摄入量和生活方式，研究结果显示，含糖饮料摄入量与多动症的患病风险有较高的相关性（Yu CJ，2016）。

2. 含有较多食品添加剂的零食

为了增加食物的风味和色泽，很多商家会在食品，尤其是儿童食品中添加人工色素、人造甜味剂等食品添加剂，让食物看起来更加诱人。研究认为，包括人工色素、人造甜味剂和防腐剂在内的食品添加剂会直接导致儿童多动症（Stevens LJ et al.，2013）。所以，家长应尽量少给孩子吃五颜六色的零食。

3. 含有咖啡因的食物

很多人认为，儿童食物中不会含有咖啡因。而事实上，儿童喜欢的巧克力和很多饮料（如奶茶）中都含有咖啡因。摄入100毫克的咖啡因（约1/3杯奶茶），就能增加紧张情绪和烦躁不安的症状。儿童的大脑处于发育阶段，咖啡因会对这个阶段的大脑发育产生负面影响。此外，咖啡因还会促进大脑中多巴胺的释放，让儿童过度兴奋、躁动和焦虑。

（二）多动症孩子应多摄入的食物

1. 高蛋白食物

加拿大的研究人员对77名多动症孩子进行研究后发现，他们体内促进蛋白质生成的某些物质可能存在异常，并最终导致了多动症。这些物质的缺乏使得大脑对外界刺激的反应程度明显下降（Misener VL，2004）。

色氨酸是一种重要的氨基酸。人体一旦缺乏色氨酸，体内各种蛋白质的合成过程就会遭到破坏。瑞典的一项研究对比了多动症孩子与健康孩子的结缔组织，结果发现，多动症孩子的色氨酸转运能力明显低于正常孩子。多动症孩子体内的色氨酸含量比正常孩子低50%左右，这种物质有利于产生多巴胺、去甲肾上腺素和血清素，对孩子的注意力和学习能力有很大影响（Johansson J，2011）。除色氨酸外，络氨酸和丙氨酸也有助于生成多巴胺、去甲肾上腺素和血清素，这些物质分泌不足或异常，都会引发多动症。

蛋白质含量高的食物，如豆类、奶酪、鸡蛋、坚果和肉类富含色氨酸，多吃这些食物能显著提高孩子的注意力。

2. 升糖指数低的食物

升糖指数低的食物能够为人体提供稳定的糖分，帮助人们控制自己的行为并改善体能。新鲜水果，如柚子、苹果、樱桃、橘子和葡萄等的升糖指数比果汁低，燕麦、荞麦等高纤维谷物的升糖指数比大米、白面等精致主食低，新鲜蔬菜的升糖指数也较低，应多摄入。

3. 富含 Omega-3 脂肪酸的食物

Omega-3 脂肪酸是一种多不饱和脂肪酸，具有抗炎特性，可改变中枢神经系统细胞膜的流动性和磷脂成分，从而调节血清素（与情绪稳定性、认知灵活性和睡眠相关）和多巴胺等神经递质的传导功能。金枪鱼、三文鱼等深海冷水鱼富含 Omega-3 脂肪酸，核桃、橄榄油、绿叶蔬菜也是 Omega-3 脂肪酸的良好来源。

三、其他干预

（一）游戏训练

儿童心理学家发现，某些游戏在改善多动症孩子的注意力、锻炼其思维能力方面有着非常好的效果。"找不同"就属于这类游戏。

"找不同"游戏，顾名思义，就是给你两张非常相似的图片，然后请你找出它们之间不同的地方。这种小游戏有助于锻炼孩子的观察力和空间想象力，培养耐心、细心的习惯。两幅乍看几乎相同的图片，实际上有着细节上的不同，一旦去关注细节，就意味着调动了孩子的注意力。家长有空时不妨和孩子一起参与到这项游戏中，不但可以激发孩子的兴趣，而且在他找到不同之处时给予赞美和鼓励，更能增强孩子的自信。

（二）绘画疗法

研究发现，艺术疗法（主要是绘画）能让过分活跃的多动症孩子安静下来，改善他们的多动症状。2020 年，中国的研究人员选取了 10 名多动症孩子，对他们进行了每周 4 次、每次 120 分钟、为期 14 周的绘画训练，内容涉及色彩归纳、写生和情景绘画。结果发现，14 周后，这些参与绘画训练的多动症孩子的品行问题、学习问题、冲动和多动问题等均有明显改善（樊香麟，2020）。

2018 年，中国进行的另一项研究发现，药物治疗与绘画治疗相结合，对儿童多动症有更好的治疗效果。这项研究选取了94 名多动症孩子，除对他们进行药物治疗外，还额外进行了为期 4 个月、每周 2 次、每次 60 分钟的绘画治疗。第一个月进行基本的绘画介绍；第二个月开始尝试肖像画，让这些儿童把注意力放在自己和家人朋友的相貌上，用以改善人际关系；第三个月进行场景化训练，让这些儿童关注他们所处的环境及其细节，培养他们对公共环境的积极态度；第四个月进行自由创作，内容可以是动物、花草、天空或其他各种与自然相关的主题，主要用于激发这些儿童对环境的热爱和观察力，减少负面情绪。

研究发现，绘画对多动症孩子具有很多好处，不仅能提高他们的注意力，而且能让他们与环境和谐相处，规范自己的言行。在绘画的过程中，需要孩子脑、手、眼并用，这有助于提高多动症孩子的协调性和抗干扰能力，缓解情绪问题。此外，绘画不仅可以让多动症孩子沉浸在创作的快乐中，产生放松情绪，还能让他们跳出条条框框的束缚，并注意到生活中的小细节。同时，创作作品也能增强多动症孩子的信心，提高他们对手部肌肉的控制能力。

在日常生活中，家长可以通过以下方式帮助多动症孩子更好地享受绘画的乐趣。

> ➢ 享受过程：父母不要把标准定得太高，也不要随意指导孩子画画，应尽可能地让他们自己享受绘画的过程，比如给陶罐上色、给卡通人物涂色等。多动症孩子对色彩和线条的认知可能与常人不同，家长尽量不要干预。孩子画画的目的并不是创造完美的作品，而是享受专注的感觉，降低压力。
>
> ➢ 尊重孩子：不要随便判定孩子的作品，可以和孩子进行交流，让孩子讲讲自己的作品及构思。
>
> ➢ 讨论感受：如果孩子对自己的作品感到失望，问问他为什么会这样，有什么办法可以改善。尝试相信孩子，并鼓励他再次尝试。

➢ 适时暂停：当孩子没有任何进展或无法提出更好的解决方案时，可以建议孩子稍微休息一下再完成绘画，确保他们在画画的过程中是享受的、放松的，而不是抱着完成任务的目的去画画。

（三）多接触绿色

从进化的角度来讲，自然对人类有着无可替代的影响。环境因素和大多数神经发育障碍有关，同时环境因素也是人们经常忽略的一个因素。在儿童时期与自然接触（包括绿色空间），对孩子的大脑发育至关重要。

生活在植被覆盖率高的地方对孩子的心理及认知发展具有很大的帮助，因此在一定程度上，绿色环境覆盖率高有助于孩子大脑发育、降低其患多动症的风险。研究人员发现，儿童在 5 岁之前接触绿色环境越多，之后患多动症的风险越低（Dadvand P，2018）。另一项研究发现，大量接触绿色环境与 8 岁学龄儿童大脑的结构变化有着显著关联，这些改变包括前额叶和运动前区灰质体积的增加以及前额叶、运动前区和小脑区域白质体积的增加（Thygesen M，2020）。同时，这些结构变化反过来又能改善孩子注意力不集中的问题。也就是说，长期接触绿色环境，不仅对孩子的大脑发育具有益处，而且对多动症孩子的认知功能和行为症状有着改善作用。因此，建议父母多带孩子去公园、草坪等绿地，享受属于全家的放松时光。

（四）适当看点恐怖电影

研究发现，焦虑的人观看恐怖电影可以让他们直面恐惧，提高控制情绪的能力。恐怖电影还能帮助焦虑患者分散注意力，专注于电影情节，不需要担心其他的事情。此外，观看恐怖电影还能够释放心理压力，减轻抑郁症状，也可能与通过视觉、声音等刺激引起肾上腺素大量分泌，产生兴奋感有关（Martin GN，2019）。

有些家长发现，自己患有多动症的孩子胆子非常大，喜欢玩一些惊险刺激的游戏。这时，家长可以适当地带孩子看点恐怖电影。因为恐怖电影对肾上腺素的刺激作用能缓解多动症症状。肾上腺素是由肾上腺髓质分泌的一种激素和神经传导物质，能够增加肌肉血流量和心脏泵血量，并促使瞳孔放大和血糖上升。多动症患者常伴发焦虑和抑郁两种情绪障碍，所以适当地看点恐怖电影有助于缓解压力、改善焦虑和抑郁情绪，在一定程度上缓解多动症症状。

但过分恐怖和刺激的电影会对人的身体产生一定的负面影响，如导致孩子过度紧张和震惊；而且肾上腺素的持续升高会导致孩子难以入睡，进而对第二天大脑处理情绪的方式产生负面影响，进一步加剧负面情绪。此外，对伴有慢性焦虑障碍的多动症孩子来说，恐怖电影会增加他们对惊吓和刺激的敏感性，从而做出更强烈的反应。所以，家长应选择类型和恐怖程度都合适的恐怖电影，为自己和孩子设定界限，保证观影舒适度。

参考文献

[1]Christiansen L, et al. Effects of exercise on cognitive performance in children and adolescents with ADHD: Potential mechanisms and evidence-based recommendations. *Journal of Clinical Medicine*, 2019, 8(6): 841.

[2]Dadvand P, Pujol J, Macia D, et al. The association between lifelong green space exposure and 3-dimensional brain magnetic resonance imaging in Barcelona schoolchildren. *Environmental Health Perspective*, 2018, 126(2): 027012.

[3]Dishman RK, Berthoud HR, Booth FW, et al. Neurobiology of exercise. *Obesity*, 2006, 14(3): 345-356.

[4]Gabriely R, Tarrasch R, Velicki M, et al. The influence of mindfulness meditation on inattention and physiological markers of stress on students with learning disabilities and/or attention deficit hyperactivity disorder. *Research in Developmental Disabilities*, 2020, 100: 103630.

[5]Holmefur M, Lidstron-holmqvist K, et al. Pilot study of let's get organized : a group intervention for improving time management. *American Journal of Occupational Therapy*, 2019, 73(5):7305205020.

[6]Johansson J, Landgren M, Fernell E, et al. Altered tryptophan and alanine transport in fibroblasts from boys with attention-deficit/hyperactivity disorder (ADHD): an in vitro study.

Behavior Brain Function, 2011, 7: 40.

[7]Kofler MJ, Sarver DE, Harmon SL, et al. Working memory and organizational skills problems in ADHD. *Journal of Child Psychology and Psychiatry*, 2018, 59(1):57–67.

[8]Martin GN. Why do you like scary movies? A review of the empirical research on psychological response to horror films. *Frontiers in Psychology*, 2019,10: 2298.

[9]Misener VL, Schachar R, Ickowicz A, et al. Replication test for association of the IL–1 receptor antagonist gene, IL1RN, with attention–deficit/hyperactivity disorder. *Neuropsychobiology*, 2004, 50(3): 231–234.

[10]Sciberras E, Efron D, Patel P, et al. Does the treatment of anxiety in children with attention–deficit/hyperactivity disorder(ADHD) using behavioral therapy improve child and family outcomes? protocol for a randomized controlled trial. *BMC Psychiatry*, 2019,19(1): 359.

[11]Stevens LJ, Kuczek T, Burgess JR, et al. Mechanisms of behavioral, atopic, and other reactions to artificial food colors in children. *Nutrition Reviews*, 2013,71(5): 268–281.

[12]Thygesen M, Engemann K, Hoist GJ, et al. The association between residential green space in childhood and development of attention deficit hyperactivity disorder: a population–based cohort study. *Environmental Health Perspective*, 2020,128(12):

127011.

[13] Yu CJ, Du JC, Chiou HC, et al. Sugar-sweetened beverage consumption is adversely associated with childhood attention deficit hyperactivity disorder. *International Journal of Environment Research Public Health*, 2016, 13(7): 678.

[14] 樊香麟，苑璞. 绘画疗法对注意缺陷多动儿童干预效果分析. 中国学校卫生，2020，41（4）：543-546.

写给疲惫不堪的父母

——了解孩子、照顾好自己

Love and Respect

对每一个家有多动症孩子的父母来说，也许你已经被"熊孩子"的各种表现折腾得烦躁不已、筋疲力尽。与其他孩子相比，自己的孩子需要你投入更多的精力，对他们进行更多的监督和管理。他们的行为鲁莽，甚至很难进行正常的沟通，尤其是当孩子处于学龄期时，多动症孩子的父母经常感到压力重重，抑郁、自责等方面的水平都明显高于普通孩子的父母。研究表明，就压力水平而言，多动症孩子的父母与有其他严重发育性问题的孩子（如自闭症儿童或智力发育迟缓儿童）的父母是一样的。

对那些多动症孩子的父母来说，照管患儿使他们失去了原有的个人时间和空间，存在一定程度的压力，但压力不是不可战胜的。下面将会给多动症患儿的父母介绍一些避免压力的方法，使其在养育多动症孩子的过程中能够轻松一些。

第一节　多动症孩子的家庭环境

多动症孩子不是生活在真空中，他们在社会网络和家庭系统中都占有特别的位置。尤其是家庭系统中，多动症孩子与其他人的反馈决定了哪些孩子会被关注、诊断及治疗。因此，只考虑多动症孩子对预测他们的未来以及开展具有针对性的治疗计划是远远不够的，我们需要更多地考虑孩子生活和互动的复杂情景，考虑他们和谁互动、谁会对他们的行为进行反馈。

多动症孩子对家庭产生何种影响，家庭如何对待这些孩子，以及父母如何管理他们的行为——了解这些，不仅能帮助多动症孩子的父母更好地理解自己的孩子，还可以帮助多动症孩子的父母更好地理解自己以及整个家庭。这是因为，第一，从天性上来看，与其他家庭相比，多动症孩子家庭中的亲子互动和兄弟姐妹之间的互动，对所有家庭成员来说都更加消极和有压力。第二，与未患多动症的孩子相比，多动症孩子的父母和兄弟姐妹更有可能经历心理痛苦和精神障碍，包括他们自己的多动症症状（有 25%～40% 的多动症孩子的父母其中一方也患有这种障碍）。其他家庭成员经历的种种苦难，显然也会影响多动症孩子被接受、被管理、被养育以及被爱的方式，而且这种影响是长期的，会持续到多动症孩子的青春期和成年期。

一、多动症孩子和母亲之间的互动

匹兹堡大学的苏珊博士曾观察到，多动症孩子在和母亲共同完成某个任务时，与其他孩子相比，需要母亲更多的关注和更多的帮助。多动症孩子的母亲不得不增加对孩子行为的管控，并且让自己更深入地参与孩子的自我管控。而随着时间的推移，这种程度的互动和监管也会让多动症孩子的母亲备感压力、精疲力竭。国外多动症研究领域的专家巴克利博士发现，患有多动症的孩子会更少遵从指令、更加消极，更倾向于放弃任务，并且更难以坚持完成他们母亲的指令。多动症孩子的母亲会给予更多的指令，态度也会更消极，在与孩子的互动中给予更少的响应。

二、多动症孩子和父亲之间的互动

由于传统的社会性别角色定位，母亲通常在家里承担了更多照顾孩子的责任，会与孩子有更多的互动，即使母亲需要外出工作也是如此。通常，母亲会更多地依靠言语解释或动之以情的方式来让孩子遵守指令，但由于多动症孩子无法像其他孩子那样使用语言进行自我控制或指导行为，并且对表扬也不那么敏感，因此这种方式通常无法管控他们的行为或激励他们有良好表现。而父亲可能会较少采用推论或重复指令的方式，他们更倾向于对孩子的不听话采用惩罚的方式。因此，说得更少并对孩子的行为结果做出更快反应的家长，其孩子反而更顺从。

无论引起这种孩子与母亲和父亲之间互动方式差异的原因是什么，这个问题的存在确实会引起夫妻双方关系或婚姻上的问题。在这种情况下，父亲可能会认为母亲谈到孩子的严重问题时夸大其词，或认为孩子这种不好的表现是由母亲的过分纵容引起的，甚至部分父亲认为真正需要专家帮助的是母亲，而非孩子。这也就使夫妻双方难免会在养育管教孩子方面产生争执、矛盾，并进一步加剧孩子对家庭环境的恐惧与厌恶。

三、多动症孩子与其兄弟姐妹之间的互动

多动症孩子与他们兄弟姐妹的关系看起来也与其他家庭不太一样。多动症孩子更易与人争吵，玩耍的时候更具破坏性，更容易对兄弟姐妹大喊大叫，并且更可能产生不当的或恶作剧的行为。因此，他们之间会产生更多的矛盾，尤其是当多动症孩子年幼时，这种行为表现得更为明显。与多动症孩子相比，他们的兄弟姐妹和这样一个具有破坏性而又难以对付的人住在一起，总是需要接受大量重新分配的任务，他们会为此感到愤怒和疲惫，尤其是当他们年纪还小的时候。

四、多动症如何影响亲子间的互动

多动症孩子表现出来的注意力不集中，冲动、活动过度的行为模式以及他们在自我约束上的匮乏，总是与家长对孩子的要求相互矛盾，尤其是日常学习生活中对孩子在保持注意力、持续努力、自我抑制、进行良好时间管理和物品摆放方面要求很高时，这种矛盾则更为突出。当一个患有多动症的儿童无法遵从指示或完成日常事务时，父母会做出更多的指示、控制、建议，并最终发展成愤怒。尤其随着时间的延长，即使孩子没被要求做任何事情，这种行事过度、话多好动、情绪化和大声喧哗的举动也很有可能被其他人看作是吵闹和令人厌恶的行为。

是谁引起了这种互动上的循环矛盾？无论是孩子还是家长都会激化矛盾，但可能孩子在其中发挥的作用更大。但请记住，

孩子并不是故意为之。有研究发现，当多动症孩子与家庭之外的其他成年人或同龄人进行互动时，几乎也会经历同样的情形。在教室里，老师就像妈妈一样，可能会增加她们的指令，对孩子给予更多的惩罚和行为准则的约束；同样，当进入一个学习小组时，其他孩子也会表现得像一个"妈妈"——给予多动症孩子更多的指令、指导和帮助。一旦当这种行为不能制止多动症孩子的多动和破坏行为时，其他孩子就可能会生气，并取笑或侮辱那些患有多动症的孩子，甚至会慢慢从这些不守规矩、有侵略性并且专横跋扈的多动症孩子身边离开。而有研究显示，当患有多动症的孩子接受药物治疗时，来自母亲、老师和同龄人的指示、不赞同和其他控制行为都会有所减少，并且他们的互动总体上也会变得更加积极。

第二节　父母的精神健康问题

实际上，与未患多动症的孩子的家长相比，多动症孩子的父母和亲属更容易产生各种心理问题。这些问题一部分是来自与多动症孩子一起生活所产生的压力，而另一部分则是由父母自身的生理和心理因素引起的。

一、养育带来的压力

毫无疑问，与未患多动症的孩子的养育者相比，多动症患儿的父母，尤其是母亲会感觉到更多的压力。有些多动症患儿的母亲对自己作为家长的自我评价很低，并会经历更多的自责、抑郁和社会孤立。孩子的行为问题越严重，母亲的压力就越大。

> 我对他的耐心已经丧失殆尽。我很害怕自己会开始伤害他。他让我抓狂，他不听话。我再也不能和他在一起了。我想让他离我远一点。

无论是养育多动症孩子给父母带来的压力，还是父母自身的情绪问题，都会在很大程度上损害婚姻和其他社会关系，尤其是当孩子存在严重的对立、挑衅和极端行为的时候。国外有研究发现，多动症孩子的父母分开或离婚的可能性比未患多动症的孩子的父母要高出 3 倍。

另外，多动症孩子的家长自己也有可能缺少鼓励、关怀以及来自其他家庭成员的协助。由于在管教孩子方面花费了大量的时间与精力，他们与其他亲友的联系会更少，并且对他们来说，这种联系对他们当好家长似乎也没有什么帮助：不少亲戚朋友会认为孩子调皮、不听话是父母对孩子管教不当所致，甚至有些评论会令父母更加烦闷。因此，多动症孩子的家长更有可能经历社会孤立，而这对他们照料孩子和体验幸福感都极为不利。

二、父母自身的精神疾病

如前所述，多动症孩子的父母中有 15% ~ 20% 的母亲和 20% ~ 30% 的父亲可能会患有和孩子同样的多动症。此外，多动症孩子的兄弟姐妹中大约有 26% 可能有类似障碍。总体而言，多动症孩子的直系亲属患多动症的风险为 25% ~ 33%。

多动症孩子的父母更有可能经历其他多种精神障碍，最常见的是各类问题行为和反社会行为（25% ~ 28%），酗酒（14% ~ 25%），抑郁或情绪过激（10% ~ 27%），以及学习障碍等。需要说明的是，父母的这些精神问题更多地与孩子的攻击性或反社会行为有关，而与孩子的多动症病症本身无关。家庭成员的精神问题可能导致了多动症孩子的攻击和反社会行为。孩子有这样的疾病，是父母因其自身的问题从而影响其养育方式和家庭的情感氛围所致。

第三节　防止压力事件的发生

事实上，养育一个多动症孩子会对家长，尤其是母亲造成极大的压力。这种压力和自闭症孩子的父母所承受的压力一样大，甚至更大。多动症孩子过度的、入侵性的、自我约束匮乏的行为方式以及在自我控制上的缺陷，意味着父母需要付出更多的努力去引导、帮助和监管他们。当父母一直处于高水平的压力状态时，很可能会出现更多的健康问题，尤其是患上与免疫系统相关的疾病，如流感或其他传染病，甚至会产生精神问题，如抑郁等。

接下来，我会给多动症孩子的家长介绍一些方法，希望能使您的生活尽可能轻松一些。

一、调整心态

首先，作为父母不要放弃。多动症孩子也有自己积极的一面，如果你学会了应对抚养多动症孩子带来的额外压力，那么能将这样一个孩子养育成人将会带给你极大的满足感。特别是，不要放弃你作为个人获得重塑的机会。

二、减少压力源数量

作为身兼数职的父母，我们要学会在忙碌的生活中减少需要处理的压力事件。第一件事就是确认压力源。尽管有很多父母更关注自己对压力的情绪反应，如紧张、易怒、悲伤、疲倦、头疼、失眠等，并竭力想摆脱其困扰，但其实我们知道，压力事件是无法避免的。不过你可以借鉴一些减压技术，如放松疗法、瑜伽、跑步等来缓解压力。但更多时候，你可以避开这些压力，至少减少压力源，并加以预防。可以试试下面的做法。

1. 当你有片刻安静的时候，拿出纸笔并坐下来，回想过去几周让你感到有压力的情境：注意易怒、生气、焦虑、沮丧或敌对状态，并尝试回想造成这些反应之前你所遭遇的事情，即哪些情境、哪些因素触发了你的压力反应？你的孩子做了什么或别人对你的孩子做了什么？你的爱人做了什么？发生了什么事让你才会有这样的感受？每列出一条压力源，就在下面留一些空白行以做备用。

2. 仔细看看第一件事。为了避免或解决该事件或问题，你做了什么？你的反应是不是让情况恶化了？在之前提到的抚养多动症孩子的七大原则中，有没有哪一条能帮助你消除压力源？或者，你能否列出计划来规避造成压力的人或事？在列出的每一条压力源下，至少写一条应对方法。

3. 关注其中一个压力源，然后想办法消除这个压力源。如果是无法消除的压力源，那就找出下一次事情发生时你应采取的应对方法。闭上眼睛，想象一下自己在那样的情境里所应做出的不同的、更有效的反应。

4. 把一些小纸条贴在家里或工作的地方，提醒自己关注这些计划。

5. 每天花几分钟来想象自己如何实践这个新的行动计划。这样的练习能增强你的想象力，当压力源再次出现时，你就能真正做到有备无患。

6. 一旦你的信心建立起来，或者你已经实践了这个新计划，就可以关注另外一两个压力源。每次只关注一两个压力源，直到你真的能够控制或消除这一两个压力源，然后再关注其他一两个压力源，以此类推。每次当你能够处理好这一两个压力源时，你就朝成功迈进了一小步，但是别试图一次性消除所有压力源。

第四节　应对压力的方法

一、推迟反应

对于压力性事件，我们大多数人的反应是迅速的，但也是冲动的。当我们因孩子的某些行为举动而被带起情绪反应——比如愤怒或焦虑——我们的生理机能也就被唤醒了：我们的脉搏加快，感觉脸发烫，肾上腺素也做好了"战斗或逃跑"的准备。但不幸的是，这并不能帮我们更加敏锐地思考。事实上，我们到最后都会为自己做出的冲动反应（对孩子大吼大叫等）而后悔不已。所以，有时候对我们来说，最好的选择就是不做任何事情。而选择离开现场或许是唯一能延迟你反应的方式，那么你可以暂时离开房间，或者让孩子离开，同时冷静地告诉他"我过几分钟再和你讨论"。

二、采用放松疗法

一些降低个体压力水平的方法经广泛证实对预防压力的产生都有明显的效果。当面对无法回避、可预见的压力事件时，这些方法可以帮助你有效减压。比如，学校打来电话说，你的孩子因为动手打另一个孩子，已经被送回家了，要求你必须在第二天去见校长。当你思考该怎么应对这种情况时，压力可能就已经产生了。此时可以采用放松疗法，比如渐进性肌肉放松法，避免小题大做。具体做法是：深呼吸，放松肌肉，接着想象自己正处于一个使人感到放松的、风景优美的环境中。这种方法非常容易学会，并且非常有效，你可以在预期压力出现之前使用这种方法。

三、扩展你的关注焦点

当身处压力环境时，避免小题大做的另一种方式是扩展你的关注焦点。你要避免把注意力放在小细节上，要纵观大局，从你自己或孩子一生的角度去看问题。通常，这样做会让你意识到，压力事件并不像你认为的那样重要，你可以控制它，即便事情没有太多改善，它也不像你想象的那么严重。就拿前面说的与校长会面的例子来说，你会听到校长说了很多话，但你也应该同时意识到这仅仅是一次学校会谈，校长所表达的观点并不能代表最终的结果，也不会对你或孩子的生活造成巨大的破坏，而作为一个有执行力的家长，你才是那个真正能够掌控这次会面的局面以及对孩子产生影响的那个人。

四、以终为始

在压力情境到来之前以及整个过程中，设想一下，你想为孩子营造何种情境？在心中保持积极的目标会减轻消极事件带来的影响，也会降低你自己的反应强度，因而能避免冲突的增进和结果的恶化。

五、定期进行自我更新

抚养多动症孩子对家长的心智、生理和精神能量的要求都非常高。家长要调整好自己的情绪，增进对生活的控制感，增强处理难以预料的压力性事件的能力。也就是说，家长在悉心照料孩子的同时，别忘了好好照顾自己，为自己留出一些时间。可以参考下面的建议。

（一）暂时离开，享受一个属于自己的周末

有时候，为自己重新注入活力的唯一方式就是离开。别犹豫，让你的配偶去照顾孩子，自己去做点事儿，和朋友聚聚，去健身房运动一次，做个面部护理，在书吧清净地读一本书，或者做一些让你觉得很特别的事情。重新给你的情绪充电，补足睡眠。如果有信任的人可以帮助照顾孩子，不妨尝试着和你的伴侣去度个假——成人之间的关系也需要注入活力。

（二）发掘一项爱好或加入一种社交活动

对父母来说，多动症孩子的需求把他们最终变成了自我牺牲者——父母牺牲了所有的个人爱好和娱乐时间，全身心地陪伴着孩子，因而父母会变得疲惫不堪，压力重重，经常脾气暴躁，也更易怒。父母应该为自己发掘一些爱好，比如和志同道合的朋友一起参加兴趣小组或团队，如跑步爱好者俱乐部、合唱组、舞蹈队、羽毛球队，也可以参加一些非正式的聚会，比如定期聚餐、喝下午茶、唱卡拉 OK 等。这些个人兴趣能像短期旅行一样重新为你注入活力。

（三）寻求好友的安慰

别忘了与维系多年的好友间的亲密友情。当我们在忙碌的时候，大多数人会疏远这种关系，但我们都需要"安全庇护"——那些对我们不离不弃的真正的朋友。向好友倾诉具有非常显著的治疗效果，一个非常了解你、关心你的人不仅是可以依赖的肩膀，也能够为你看待自己的问题提供一个全新的视角。

（四）分担养育的重任

养育孩子是夫妻双方共同的责任，对养育患有多动症的孩子来说更是如此。当你认为上述建议对你来说根本没有时间去做，那么你应该和配偶谈谈，讨论一下重新分配抚养孩子过程中的工作量。通常，母亲在照料孩子方面承担的工作会比较多，可以与配偶商量两人轮流照看孩子，周末两人每人全权负责一天，你会从这样的安排中获益。这样的安排既能预留出发展个人兴趣的时间，也能使你有闲暇休息放松一下。

（五）关注当下

这是一种近年来在国际上较为流行的减压方法，此法能大大减轻多动症孩子父母的压力、忙碌感和紧迫感。其具体步骤是：平静下来，闭上眼睛，把注意力集中在一个点上，比如集中在你的呼吸上，然后把其他所有思绪都从你的脑中清除。如果有任何别的念头钻进了你的脑中，那么只需要知道它们出现过，就不必再注意了，不要发展这些想法或在脑中就这些想法与自己对话。然后睁开眼睛，试着只关注你在那一刻接收到的感觉信息，或者只是关注你的呼吸，有人称其为感受当下，不对任何想法有期待——无论是刚过去的想法，还是将要产生的想法。

（六）识别并改变带来压力的思维模式

至少就情绪而言，在很大程度上，你的状态是由你的想法所决定的。比如说，你可能注意到，当非多动症孩子在商店里突然发脾气时，其父母似乎会就事论事地管束自家孩子的不当行为，而不会觉得痛苦或时刻警惕着。但是，如果类似的事情发生在多动症孩子身上，孩子的家长就会觉得很丢脸，甚至可能还会为自己找理由：别的家长之所以能够在这种情况下做到冷静处置，是因为他们的孩子不会走进商店惹祸，但是我的孩子每次都会惹祸。

其实未必如此。美国心理学家艾伯特·艾利斯（Albert Ellis）发展了著名的认知理论，该理论认为，我们对特定情境的感受决定了我们怎样看待环境中的人或事。若我们消极、苦恼、自我批判，我们就会被负面情绪所控制。但是如果我们能够将自己的消极思维模式转变为有建设性的、积极的、激励自我的思维模式，就能减少甚至消除消极的情绪反应。

所以，当孩子在商店发脾气的时候，你可能是这么想的：

我的孩子怎么能让我这么没面子？周围每个人肯定都在围观。他们会怎么想我？他们一定认为我是一个很糟糕的家长，我根本管不了我的孩子。早知道我就待在家里而不是带他出来。
这个孩子怎么能让我这么丢脸？我永远不要再踏进这里一步。
为什么我做父母就这么失败？

但在相同情境下，表现更为镇静的父母也许会这么想：

我不会因为孩子的胡闹就顺从他。他知道规则，在来到这里
之前，我就告诉过他这次不会买任何玩具和糖果。我是孩子的老
师，他也许已经知道行不通，我不会被他的这些坏脾气吓到。几
分钟之内他就会冷静下来。真不幸，他不得不为自己的做法感到
羞愧，他打扰了来购物的其他人。我已经见识过很多父母如何管
教孩子类似的情绪发作，事实上，很多孩子只是偶尔在商店这么
做。但是，如果现在顺着他，他就会有错误的认识。

在这里建议各位家长，要学会识别负面思维模式。你可以
随身携带一个记录本，当遭遇引发紧张或烦恼的事件时，把对
自己的所说所想写下来。当同样的压力源再现时，你一发觉自
己使用了负面的思维模式，就尝试用更积极、更乐观、更有建
设性和更宽容的思维模式来替代它。

（七）经常进行体育锻炼

经常进行体育锻炼能减轻压力，增加耐力，增强自我控制
能力，让我们更有能力应对日常的种种需求。如果觉得难以抽
出时间，不妨将其融入另一种有助于自我更新的活动中，如邀

请朋友一起骑车出游，召集几个朋友一起去打羽毛球，或者经常和老朋友在周末徒步旅行。即使每周只锻炼 3 次，每次只有 20～30 分钟，你也会受益匪浅。

（八）避免摄入有害的化学物质

酒精、尼古丁、咖啡因，这些东西弊大于利。我们都知道吸烟的危害，但对咖啡因和酒精的负面作用却知之甚少。其实很简单，如果你想保持活力，适度是关键。酒精有镇静作用，但若长期过量饮酒，你会变得非常疲倦、易怒，对挫折的容忍力降低，同时责任感也会萎缩。而尼古丁和咖啡因都是兴奋剂，摄入后会使人心跳加快，血压升高，大脑活动更频繁，肌肉紧张，躁动不安，对环境中的压力会更敏感，当然也更容易出现我们不期望看到的反应过度。

第七章

多动症孩子的养育

Love and Respect

尽管我们知道，如果孩子存在多动症的问题将会给父母、家庭带来无穷的麻烦与困扰，但作为孩子养育的第一责任人，父母还是要更多地理解这些孩子，理解他们的注意力不集中、多动、冲动等行为其实是一种神经发育障碍，是孩子身不由己的表现，如果能正确认识这个问题，父母就能比较宽容地教育孩子，而不是一味地训斥和惩罚。是否能做好这类孩子的家庭教育，直接决定着能否激发孩子最大的潜能，使其成为最好的自己。

家庭养育是一门学问，对父母来说，多动症孩子的养育更是一大挑战，要求父母必须成为学习型家长，了解针对自家孩子特质的教育方式，调整对孩子的客观期望，掌握与孩子良好互动的方法，学习科学处理孩子问题的方法等。有的家长希望对多动症孩子有一套"放之四海而皆准"的教育方法，事实上，这个要求是不现实的。因为每个孩子都是一个独立的个体，针对每个独特的孩子，我们只有在不断试错中尝试摸索家庭教育行之有效的方法，并把它们运用到对孩子的教育管理中，一旦当孩子的行为表现展现出点滴进步的时候，都应及时给予鼓励、欣赏，以增强孩子的自尊心与自信心。

另外，现在的家庭中有很多是父母、祖父母和孩子三代同堂的大家庭，这种情况下更要保持父母和孩子、祖父母和父母以及祖父母和孩子之间的教育原则的高度一致，以免造成混乱，莫衷一是。尤其是父母之间或父母与祖父母之间在教育问题上起争执，这是一件非常糟糕的事情，结果会使孩子对家庭中任何长辈的教育都不听，从而使家长失去了教育的权威性。

第一节　多动症孩子的养育方式

一、不同的养育方式及其后果

儿童教育专家鲍姆林德（Baumrind）博士曾根据孩子的回应率和父母的控制性将父母的教养方式分为两种：放任型和专制型。放任型的育儿特点是父母对孩子的行为控制不够，对他们的需求通常立即会做出热情的回应，这也是我们常说的溺爱型教育方式。在这种养育环境中，孩子几乎占据了主导位置，而父母对孩子的行为干预和控制不足。专制型的育儿特点是父母对孩子设立种种规则并具有很高的期待，经常忽略孩子的个人感受，即现在常见的"虎爸虎妈"的教育方式。其实，这也是一种极端的教养方式。

与以上两种方式相比，理想的亲子关系应该是：父母对孩子有中－高水平的控制行为，家里有明显的家规，对孩子有明确且符合逻辑的期待。同时，父母对孩子有中度到高度的回应，让孩子时刻感到温暖。比如，父母会关注孩子的需求，关注他们感兴趣的事以及他们的情绪，并会支持孩子合理的目标及行为想法。

美国心理学会 2019 年的一项研究发现，与那些未患多动症的大学生相比，有多动症问题的大学生在他们童年时期的教育过程中常会被母亲采用惩罚、高度控制等方式，而较少给予他们情感支持和亲情温暖（Stevens AE，2019）。母亲的惩罚和控制性行为与多动症孩子的注意力不集中水平，多动 / 冲动、抑郁、焦虑和压力水平都相关。过于苛责的养育方式与孩子情绪失控、攻击性强、焦虑、学习成绩差等都有关。而过于宽容、溺爱的教育方式容易导致孩子自我能力较低、无法完成学业。另一项研究也发现，放纵型的养育方式会导致多动症孩子的行为调节能力较差。因此可以看出，无论是专制型还是放任型的教养方式，都会导致孩子的执行能力较差。孩子自我调节能力差也会反过来增加父母的心理压力，并由此导致父母压力和孩子行为问题之间的恶性循环（Hutchison L，2016）。韩国首尔的一项研究发现，多动症孩子更容易出现奇异的新想法，但他们的自我导向能力差、合作性较差。父母的受教育水平和温暖、支持的教养方式能帮助多动症孩子缓解他们注意力差、焦虑、抑郁等问题，并有效改善这类孩子的自我导向能力和攻击性行为（Kim，2010）。

当下中国的养育现状是，相较于在社会上忙碌打拼的父亲，母亲通常是育儿的主力军。因此，母亲的教养方式会非常明显地影响孩子的行为模式。比如，高度控制的母亲会导致孩子的注意力水平差、多动和冲动行为更多。很多研究也发现，控制欲较强的母亲会培养出注意力差、对立行为和愤怒行为更频繁的孩子。所以，妈妈们一定要认真对待自己的教养方式对下一代的影响。

很多家长认为，权威式的教育是很有效的，让家长命令孩子去做什么，孩子执行就可以了。但是，孩子也是一个有思想、有情感的人，养育一个普通的孩子已经很不容易了，更别说养育一个多动症孩子。如果您的孩子也存在注意缺陷多动的问题，那么下面的方法可以帮助你合理教育自己的孩子。

> ➢ 学会给孩子分享你的想法，并认真倾听他的想法。
>
> ➢ 有时候，可以和孩子一起设置奖惩机制，用于提高孩子的社交能力和学习效果。
>
> ➢ 与多动症孩子相处要有耐心，不要与孩子争论，更不要打骂孩子。
>
> ➢ 不要随意参与、干预孩子的任务或活动，如果你真的关注他们，看着他们就可以，不要直接代替他们做家务或家庭作业等简单的事情。
>
> ➢ 孩子在某个阶段总会变得叛逆，会质疑权威和某些理论，这其实有利于他们社会表达和推理能力的提高，不要直接否定或打压他们的质疑，要正确引导。
>
> ➢ 在孩子做错事的时候，要礼貌、冷静地和他们讨论，并

让他们了解事情的原委和他们做错事的原因，教给他们正确的做法。

➤ 多鼓励、多激励，重视孩子的每一个进步。

➤ 定期组织家庭旅游或户外活动，比如每天晚饭后全家可以一起散步，或者周末时全家一起爬山，以调节家庭内部的氛围。

➤ 多留意孩子的情绪变化和负面情绪，在问题变得严重时及时联系专业医生。

二、多动症孩子的父母需牢记的 7 项养育原则

巴克利博士在《如何养育多动症孩子》一书中提出了非常重要的 7 项养育原则。他认为，多动症孩子的家长如果能够以这 7 项原则为核心，不仅能更好地理解自己的孩子，而且更有可能加以创造性地应用，以此来满足孩子的需求。在这里推荐给各位父母。

（一）保持积极主动

父母对孩子的行为反应通常都是下意识的、冲动的，这种方式非常常见，且我们对自己的行为不顾后果，毫无章法，根本不知道自己的行为想要达到什么样的目的。在这样的情况下，父母只是做出行为，但非有意识地选择合适的行为。有时候，当现实并不如你想象的那样时，你会感觉孤立无援——你和孩

子的关系在朝着你最不期望的方向一路狂奔。你和孩子之间的
关系变得火药味十足，令人沮丧，压力重重，或者失去平衡。
但这并不是孩子造成的，或者说，造成这些问题的不是孩子
的行为，而是你对孩子的反应。作为一个成年人，你应以一
个家长的角色承担起与孩子互动以及构建与孩子关系的责任。
如果你对自己对待孩子的方式不满意，那么改变应由你开始，
构建你与孩子之间的良性关系是你的责任，你要承担这份
责任。

（二）在心中以终为始

我们经常会说一句话，叫作"不忘初心"。在面对多动症孩
子的时候，家长也不妨将这句话常记心间。当面临问题时，想
象一下你希望看到的最终结果是什么。

制订计划离不开目标，制订与孩子有关的策略也离不开对
自己希望见到的成果的了解。例如，当面临孩子每天要完成的
家庭作业时，想象一下这个作业时间段是怎么度过的。也许，
你所希望的不仅是看到孩子完成家庭作业，而且还期望这段时
间能平稳度过。在家庭作业时间结束时，能看到孩子的笑脸及
满意的神情是再好不过了。那么，你心里就应该明确，这些画
面应当如何指导你对孩子的应对方式，即"以终为始"。你的
选择是保证与孩子之间的行为互动是快乐的、有教育意义和指
导意义的，甚至带有幽默感的。那么，这些都是有可能实现的。
你与孩子之间的关系和互动方式由一个又一个小互动组成，这
些小互动是向着你希望的目标发展，还是充斥着漫不经心，这

一切完全由你决定。实际上，在所有原则之中，这个原则是最为重要的。行动之前，在脑子里想象一下你希望达成的结果，明确一下你的目标，这个想象的过程会帮助你生成实现目标的方法与步骤。

（三）要事第一

在你与孩子的关系问题上，什么是重要的？作为一名家长，什么对你的孩子来说最为重要？有哪些阻碍是你必须帮助孩子跨越的，又有哪些责任是你必须帮助孩子承担的？多动症孩子的家长通常在那些微不足道的细枝末节（如上学之前需要整理好床铺）中挣扎。多动症孩子会做错许多事情，那么在一天中的大部分时间里，家长都是在对孩子横挑鼻子竖挑眼。冷静下来想想，这种与孩子的关系是你真正想要的吗？为了形成与孩子之间的良好关系与互动，多动症孩子的家长必须学着分清与孩子有关的四类任务和责任：①重要且紧急的；②重要但不紧急的；③紧急但不重要的；④既不重要也不紧急的。

很多家长为了不错过那些重要程度很低的事情（如运动、社团活动、音乐课等）的最后期限而争分夺秒并且和孩子争吵，最后往往是没有时间分配给重要且不紧急的事情。家长可以在周末的晚上提前思考下一周的具体安排，想一想什么是对你和孩子最重要的事情，然后把这些事情放在首要位置，并把它们放到你的时间表里。这样做的好处是，当一些突然但不重要的事情发生时，你就不会放下这周已经安排好的重要事情而去处理那些相对不重要的事情。

（四）秉承双赢思维

在与多动症孩子共处的日常生活中，特别是当孩子步入青少年期，你必须要求孩子完成学校的作业、做家务、参加社交活动，并且遵守家规。这其中任何一项都需要与孩子进行协商，并以"双赢思维"为原则，即无论什么时候，尽量让你和孩子双方都能接受你希望达成的目标。不要把目光局限在你个体单方面的希望上，你必须尝试理解你的要求对孩子来说有多么困难。

你是否发现自己一整天都在对孩子指手画脚、发号施令？这种方式对你来说肯定很容易，但是这种与孩子的关系是你真正想要的吗？心里要想着"以终为始"，时刻记得问一问自己：你的希望是什么？是做一个暴君，还是做一个令人尊敬的协商者？比如，通常你会让自己的女儿每周整理一次她的房间，一般是在周六。随着设定的打扫时间逐渐临近，请想一想这项家务对孩子有何益处，而不要只关注孩子打扫房间对你的益处。她是不是想有一些额外的时间来玩她喜欢的电子游戏？又或者是不是想着可以去游乐场玩一圈？你可以选择任何一种对孩子来说有吸引力的奖励方式，然后将其作为你和女儿周六早上口头协定的一部分，例如"如果你能够在中午之前把自己的房间打扫干净，那么我们下午就能一起去游乐场"。

（五）首先去理解，然后才被理解

我们可以用一个"情绪银行账户"的比喻来理解父母与孩子之间的信任关系及其重要性。情绪银行账户是指我们在与他人所构建的关系中信任的成分有多少。对孩子诚实、友善、礼貌，并且言而有信，就是你放到账户里的"存款"。能做到上述这些，就能增加你与孩子关系的平衡度。此外，更重要的是，当孩子需要征求你的意见并遵从你的建议时，他会这样去做；当你最需要他理解你并帮助你时，他也会出现在你身边。

请记住，你对多动症孩子的爱，是他所能依赖的情感支持的基石。因为他是你的孩子，属于你的家庭。请确保孩子也了解这一点：你的爱是无条件的爱——你的爱不因他当天行为是否良好而改变，也不因他当天在学校的学业表现是否良好而改变；不因他有多少朋友而改变，也不因他在体育项目或其他兴趣爱好上的糟糕表现而改变。

科维（Covey）博士描述了6种能存放在情绪银行账户中的"存款"：①站在孩子的视角理解孩子，确保对孩子重要的东西对你也是重要的；做一个诚挚的倾听者——用你自己的语言思考孩子曾经说了什么，从孩子的视角审视当时的情境。②关注小细节、微笑的友善与礼貌。③对孩子言出必行。④在孩子开始做任何任务时与孩子协商，对孩子说明自己的期待。⑤展现个人诚信：确保自己言行一致。⑥当你做出不友善或者不尊重孩子的行为时，你在支取情绪账户，需要真诚地向孩子道歉。只有当你真正尝试从孩子的视角看待事物时，你才有资格要求自己被理解。

（六）多管齐下

在与孩子互动的过程中，努力合并使用上面所有的原则，同时也需要对你与孩子间这种别出心裁的合作方式可能带来的后果保持开放的心态。如果将上述 5 个原则合并使用，它对亲子关系所带来的结果具有不可预测性。随着孩子的不断长大，可能会产生各种波动与变化，家长必须对这些改变保持开放的心态。要正确看待自己的孩子与他人之间的差异，针对你们将要一起面临的难题寻找新的解决方式，并且谨记，在养育孩子的方式方法上，没有唯一正确的方式。事实上，在生活为你和孩子带来的挑战面前，可能存在着其他多种新的解决之道，你可以和孩子一起携手面对。

（七）更新

这条原则是说，对于家里的多动症孩子来说，你是最重要的资源，你必须珍视自己，以确保资源的更新。就像机器使用时间长了需要保养一样，人也在一定时候需要停下来给自己注入活力。人们在生活中需要的更新包括生理上、心理上、社会上、情感上以及精神上的。生理上的更新包括合理的营养、锻炼及压力管理。心理上的更新包括通过阅读拓展你的知识面，接受继续教育，对创新的需求，想象和谋划你的目标以及写作。

但司空见惯的是，很多家有多动症孩子的家长常把自己过多的时间和精力都倾注在孩子身上，使自己筋疲力尽。乍看之下，这种过度牺牲的行为似乎很伟大，但从长远来看，这种行为不仅是愚不可及的，而且是具有破坏性的，无法让家长有自我更新的时间会使家长给予孩子的东西越来越少。

如果你觉得自己难以形成上述 7 条高效能的习惯，你完全不必自责——你既不是一个糟糕的家长，也不是一个糟糕的人。有时候，我们所有人都会感到疲倦、不堪重负和愤怒。正是这些东西妨碍了我们对上述原则的接纳与践行。真正重要的是，我们能否不断努力去实现自我提升，如果能做到这一点，我们都能成功，即使偶尔会止步不前。

第二节 改善多动症孩子行为的 8 个步骤

当家有多动症孩子时，家长会发现家更像是战场而不是避难所。孩子会破坏家庭规则，不做家务，拒绝做家庭作业，并总是扰乱安宁。本节通过为父母介绍一些合理的原则，来帮助减少孩子的顽固、桀骜不驯或对立的行为，增进其合作性及社会关系，并让孩子能更好地适应家庭生活。

当年幼的孩子学着遵守父母的要求和规则时，他们也正在学习与社会合作的基本态度和向成年人学习的能力，这对孩子持续性的社会发展和成年后适应社会非常关键。你将会履行父母在社会上最基本的角色之一：帮助孩子在更大的社会群体内做好社会化的准备。

一定要正确认识父母这一责任的重要性。心理学研究不断地重复得出以下结论：孩子一旦学会用违抗父母、固执、发脾气、攻击性行为等手段成功逃避大人的要求和他们应承担的社会责任，长大后将会有更高的概率出现各类违法犯罪行为。因此，父母有必要帮助孩子提高他们的社会化功能，使他们不仅能与父母，而且将来可以与同龄人及更大的社会群体进行更好的合作，这对每个孩子长大后适应成年世界至关重要。

一、前提条件

下述方案可以帮助父母更好地管理多动症患儿的行为，使用该方案的前提如下。

> ➤ 孩子的年龄为 2~12 岁。
> ➤ 孩子的语言发展水平大体正常。
> ➤ 孩子并不是非常敌对或目中无人。
> ➤ 当你试图限制孩子的行为时，孩子不会攻击你，也不会变得非常具有破坏性。

如果你的孩子属于以下情况，请不要尝试该方案。

> ➤ 孩子的语言发展水平低于 2 岁儿童的平均水平。
> ➤ 孩子的年龄在 13 岁以上。

如果孩子被诊断为自闭症、精神病性障碍或严重抑郁症，或者孩子的对立违抗性很强，则不适用下述方案。

你的孩子对立违抗性有多强?

下面列出的几种行为,如果你的孩子在哪一项上表现得过于严重或与其年龄段的正常行为不符,并且该现象至少已持续 6 个月,请将其圈出。

- 经常不能控制脾气;
- 经常与成年人争吵;
- 经常反抗或拒绝遵从成年人的规则或要求;
- 经常故意做出一些惹恼其他人的事情;
- 经常将自己的不当行为归咎于他人;
- 经常容易被他人惹恼;
- 经常怨恨他人或生气;
- 经常怀恨在心或心存恶意。

如果你至少圈出来 4 项,那么你的孩子有明显的违抗或对立行为,也许有对立违抗障碍。你可能需要请一位专业精神心理健康人士协助你实施这一方案。无论你孩子的问题多于还是少于 4 个,都请继续阅读下面的内容,如果在过去的 12 个月中,其中哪项在你的孩子身上出现,请将其圈出(适用于 18 岁以下的孩子)。

- 经常恐慌、骚扰或威胁他人;
- 经常先动手与他人打架(不包括兄弟姐妹之间的打斗);
- 使用可能会对他人造成严重人身伤害的武器(如球拍、砖、破碎的瓶子、刀等);
- 在身体上虐待他人(如将别人绑起来之后置之不理,割伤或烧伤受害者);

- 偷窃且与受害者对抗（如抢劫、偷钱包、敲诈勒索等）；

- 强迫他人与自己发生性行为；

- 经常以撒谎或不守信用的方式获得物品或他人好感，以此逃避某些责任或债务；

- 偷非常昂贵的物品但不与受害人对抗（如入室盗窃、伪造行为）；

- 经常在天黑后不经允许外出，13岁之前就开始出现该情况；

- 虐待动物；

- 故意毁坏他人财物（除了纵火）；

- 故意纵火，意图造成更大损失；

- 在与父母或其他抚养人一起生活期间，彻夜不归至少两次（或曾有一次很长时间不回来）；

- 经常逃学，13岁之前就开始了；

- 闯入他人的住所或车内。

　　下面介绍的方案大概要花费父母8周的时间来完成。在开始每个步骤前，至少需要设定一周的学习时间，直到你对本周进行的步骤感到满意，才能继续进行下一步。父母一定要耐下心来，要知道，孩子现在的行为模式不是一两天形成的，因此不要指望很快就会发生变化。该方案的每一步骤都是建立在完成之前步骤的基础之上，因此，请按照给出的顺序进行，千万不能跳过前三步，直接进行涉及纪律和惩罚的方法。另外，一定要遵循"先奖励后惩罚"的原则。

二、具体步骤

（一）步骤 1：学会给予孩子积极的关注

1. 目的和目标

父母给予孩子的关注是一种非常有力的奖励和影响。有的父母不理解，自己在打电话时被孩子打扰并因此批评孩子后，虽然孩子也意识到了自己的错误，但下一次他们还是有很大可能会继续打断父母的电话。这是因为，对多动症孩子来说，他们很享受你给予他们的任何积极关注，即使是谴责、批评等负面关注，有关注也总比没有好。对父母来说，不仅需要了解什么时候应给予孩子注意、什么时候应拒绝给予，同时还需要清楚，当你给予孩子关注时，你应该如何关注。

即使是积极的关注也经常会有缺点。比如，父母常会将表扬和批评结合在带有讽刺意味的赞美话语中，例如："你这次清理房间做得很好，但是你为什么不每天都自觉地去做呢？"这样一来，积极关注对于孩子积极行为的强化力度会被大大削弱。

2. 要点

如果孩子不到 9 岁，你可以每天抽出 20 分钟作为你和孩子共度的"特别时光"。如果孩子 9 岁以上，则不需选择特定时间，你可在孩子每天开心地独自玩耍时抽出一段时间，停下手头的事情加入孩子的游戏中。如果你今天心情烦闷，或者有事需要忙碌时，不要进行这个特别的玩耍活动。因为此时你的思绪会被这些事填满，而你对孩子的关注质量会变差。

在加入孩子的活动之前，先花几分钟时间放松随意地观察孩子在做什么。观察孩子玩耍时，要表现出你的兴趣。用你自己的话向孩子描述游戏，要尽可能兴奋地带着动作说话，不要显得沉闷和单调。年幼的孩子很喜欢这样，对于大一点的孩子来说，你仍然需要评论孩子的游戏，但不宜过多评论。在上述情况下都不要控制或者指挥孩子，更不要命令孩子！这一点对你非常关键。要记住，孩子的特别时间是用来放松和享受你的陪伴的，而不是由你来教孩子或代替孩子玩耍的。

有时，你需要给予孩子赞美、认可或积极的反馈。要准确而诚实，不要过度恭维。例如，"我喜欢我们像这样一起安静地玩耍""我喜欢我们一起度过的特别时间""你看你做得真的很好"都是积极恰当的评论。如果孩子开始胡闹，你只需背过脸去看一会儿别的地方。如果他继续做不好的行为，你就告诉孩子特别的游戏时间已经结束，然后离开房间，告诉孩子，当他能表现得很好时再陪他玩耍。如果孩子在和你玩耍时表现得非常具有破坏性或非常暴力，就像平时一样管教孩子。

每位父母要在特定的游戏时间与孩子共度 20 分钟。第一周尽量每天都进行，或至少每周进行 5 次，比如和孩子一起玩"找不同"游戏。第一周以后继续实行这一特别游戏时间，每周3~4 次。如果你的命令太多，问题太多，或者一开始给予的积极评论太少，都不要担心，下一次努力提高你的参与能力即可。

如果你与孩子相处得很不错，你也许会发现孩子非常喜欢你的陪伴。当你们的特别游戏时间结束时，孩子甚至会请求你留下多玩一会儿。如果你仍然不习惯这样与孩子相处，那就需要在进行步骤 2 之前再花一周时间练习这项新的参与技巧。当你发现你与孩子一起游戏时，只是评论他的活动而不管教他、指挥他，不问一些不必要的问题，那么你就已经准备好进入下一个步骤了。你也许会发现，对孩子做得好的事情和你们之间的良好互动给予赞美和积极的反馈是件相对容易的事情。如果你在游戏时不对孩子说任何话，那么你也需要多花一周时间进行练习。通过执行步骤 1~步骤 4，你会明白，推进这一方案的前提条件是你的行为得到了何种转变，而不是你的孩子得到了何种提高。此外，你不应该在进行这 4 个步骤期间期待孩子有太多转变。

（二）步骤 2：使用有力的关注来获得孩子的服从

1. 目的和目标

将在游戏时间给予孩子注意时采取的方法拓展开来，当孩子服从你或遵守你的命令时，也要采用同样的方法。二者方法相同，只是关注和评论的点不同。你的目标是改进监管孩子的方式，以提高孩子服从你的自愿度和他做事的努力程度。

2. 要点

当你下命令以后，要对孩子做得有多好及时给予反馈。当孩子在做事或服从命令时，不要下其他的命令或问孩子问题。很多时候，父母会一次下好几个命令或者问不必要的问题，这会使孩子在从事被分配的任务时分散注意力。当你注意到孩子已经服从了命令，如果你需要离开，可以离开一会儿，但一定要经常回来给予关注并表扬孩子听话的表现。如果你发现孩子已经能够自觉地做事情或做家务时，尤其应给予孩子积极的赞美，甚至可以给他们一个小小的特权，以便让孩子记住并自觉遵守家庭规则、完成任务，而不需要总有人提醒。

在接下来的1～2周，时不时地花几分钟训练孩子服从命令，这一点非常重要。选择一个孩子比较空闲的时候，请他帮你一个小忙，如"递给我一支铅笔"或"可以把毛巾递给我吗"。这种命令是只需要孩子做出简单努力就可以完成的。在几分钟的时间内，给出5～6个这种命令，但是一次只给出一个命令。当孩子把每个任务都完成的时候，一定要给孩子一些具体的表扬，如"我很喜欢你听话的样子""你真乖，做到了我要求你做的事情""谢谢你帮妈妈做事"等，然后再让孩子做其他的事。

试着这样一天做几次。因为这些要求都简单明确，大多数孩子都会做到，这为表扬孩子听话提供了非常好的机会。如果孩子没有服从其中一个命令，那么跳过，再提其他要求。此时的目标不是对孩子不服从命令做出批评和惩罚，而是发现、关注并奖励孩子对命令的服从，这样就可以增加孩子服从其他的、需要遵守的命令的可能性。当你发现孩子已能服从你的大部分命令且你觉得自己很容易表扬孩子的服从时，就可以进行下一步了。

（三）步骤3：给予更有效的命令

1. 目的和目标

此步骤旨在帮助父母改善孩子服从命令时所采取的方式，

一旦方式发生变化，通常会显著提高孩子的服从程度。

2. 要点

当你给予孩子命令或指令时，一定要做到以下几点。

（1）要确定你是严肃认真的。你应该通过重申命令来表明你想表达的意思。要知道，专注于几个严肃认真的命令要比一次说很多个命令但其中一多半都无法贯彻到底要好得多，即给孩子的命令不在于多而在于精。

（2）不要将命令以发问或请求的口吻说出，而要用简单、直接的口吻来给孩子下命令。不要说"为什么我们现在不捡起玩具呢""你不觉得现在应该写作业了吗""该吃饭了，去洗手好吗"——这些都是问题式命令或请求式命令，它们的效果都没有直接陈述好，你应该这样对孩子说，"把你的玩具捡起来""现在该进屋写作业了""该吃饭了，去洗手"。父母在给孩子下命令时不需要大喊大叫，只需要用坚定的口气直接说出来。

（3）一次不要下太多命令。前面已提到，大多数孩子只能同时执行一个或两个命令。因此，对父母来说，一次只能下一个命令。如果需要孩子完成的任务有些复杂，那就将其分解成多个小的步骤，一次只让孩子完成一个步骤。

（4）确保孩子在注视你。父母要注意，在给孩子下命令时，一定要与孩子有眼神的接触和交流。

（5）下命令前，减少有可能分散注意力的东西。很多父母常犯的一个错误就是在孩子看电视、玩游戏、听音乐、打电话或上网的时候给他们下命令。当更有趣的事情在进行时，家长不要指望孩子会认真听你说话。在下命令前，要么你自己去切断这些干扰源，要么让孩子自己"关掉"它们。

（6）让孩子重复命令。当你不确定孩子是否已听到或理解命令时，可要求孩子重复命令。此外，让孩子重复命令也能使注意力持续时间较短的孩子更有可能将任务进行到底。

（7）制作家务卡。如果孩子已到了可以做家务又有足够阅读能力的年龄，你会发现将每项任务做成家务卡会更有效。你只需要简单地列出做该项家务所需的步骤即可。当你想让孩子做家务时，只需要将卡片交给孩子并告诉他这是你想让他做的即可。

（8）设定完成期限。你需要在家务卡上标明做每项家务大概需要多长时间，然后设置计时器，以便使孩子明确知道什么时候应该完成。无论是否使用家务卡，都要给孩子一个具体的完成期限。不要说"今天你要扔垃圾"或"中午之前打扫好你的房间"。你需要说"现在你该进屋写作业了，你有 1 小时的时间来完成这项任务。我将计时器定到 1 小时后，咱们来看看你是否能在此之前完成"。为了更加公平，你可以在任务开始前 5～10 分钟提醒孩子，再过 5 分钟你就会回来要求他开始做事。

（四）步骤 4：教孩子不要打断你正在进行的活动

1. 目的和目标

这一步是为了帮你教孩子在你忙碌的时候独自玩耍或做他自己的事。许多父母在孩子对其产生干扰时给予他们太多关注，但是当孩子独自玩耍、没有干扰其他人时却几乎不怎么关注他们。这样一来，孩子总是干扰父母就不足为奇了！

2. 要点

当你要开始忙一些事情时，比如打一个重要的电话、开始视频会议等，你就给孩子下达一个直接的、包含两部分内容的命令：一部分是告诉孩子当你很忙时他应该做什么，另一部分是明确地告诉他不要打断你或打扰你。例如，你可以说："妈妈现在要打一个重要的电话，所以我希望你待在房间里看电视，不要打扰我。"请注意，这时你给孩子的任务不应该是做家务而应该是一些有趣的活动，比如去给绘本涂色、玩玩具、看他们想看的电视节目等。过一会儿，停下你手里的事情，到孩子那里看看他，表扬他可以自己待着而没有打扰你。同时还要再次提醒孩子待在这里做你给他布置的任务，不要来打扰你。然后你就又回去做自己的事情。等稍微长一点时间，再去看看孩子，然后再次表扬他没有打扰你，再回到自己的事情上。随着时间的推移，你就能慢慢地降低表扬孩子的频率，并增加你停留在自己事务上的时间。在这个过程中，家长一定要有耐心，一开始必须频繁地打断自己的活动，也就是每隔 1~2 分钟去表扬孩子一次，几次之后，你可以等待 3 分钟再去表扬他，然后延长到 5 分钟，以此类推。当你在给孩子教新东西时，也可使用这种方法：开始时频繁地关注和表扬孩子，然后渐渐降低表扬孩子行为的频率。

如果你感觉孩子就要离开他的活动过来打扰你时，赶快停下你正在进行的事情，到孩子那里，表扬他没有打扰你，然后重新告诉孩子要待在这里完成任务。一旦你结束手头的事情，就去表扬孩子是他让你做完了事情而没有被打断，你甚至可以定期给孩子一个小小的特权或奖励，以表扬孩子的这种表现。

本周，选择1~2个活动，如准备一顿饭、与一个成年人聊天、写信、打电话、阅读、做文书工作、大扫除等，你可以在进行这些活动时练习之前所讲述的方法。如果你选择打电话，就让别人每天给你打1~2次电话。这样，以后当有重要的电话打来时，你接电话就不会再受到那么多干扰了，因为你之前已经与孩子做过这样的练习了。

练习一周后，问问自己现在有多容易停下自己正在做的事情去表扬孩子，以及当你不想被孩子打扰时，你是否常常记得给他们布置任务。当这些练习变成了你和孩子之间典型互动的一部分时，你就准备好进入下一步了。

（五）步骤5：设立家庭代币制度

1. 目的和目标

有行为问题的孩子一般需要更有效的方案而不是仅仅靠表扬来激励他们做家务、遵守规则或服从命令。使用有力的奖励让孩子服从的一种方式就是家庭筹码方案（适用于4~8岁的孩子）或家庭点数方案（适用于9岁及9岁以上的孩子）。尽管你可能会看到迅速产生的效果，但是如果你很快就停止该方案，孩子行为上的积极改变就不太可能持续下去，因此父母需要坚持使用此方案2个月左右。

2. 要点

（1）对家庭筹码方案的说明。

拿出一套代币筹码，告诉孩子可以因自己的各种表现良好的行为而获得特权。对于 6 ~ 8 岁的孩子，不同颜色的筹码代表不同意义，白色 =1 个，蓝色 =5 个，红色 =10 个。将每种颜色的筹码粘在小纸板上，将它们代表的分值也标注上，并把这些纸板贴在孩子容易看到的地方。列出孩子赚取筹码后可以获得的一系列特权，可以列 10 ~ 15 项，如表 7-1 所示。其中可包括孩子自己提出的很喜欢的一些活动。然后，列出你经常需要孩子做的家务或工作，如按时完成作业、练琴、收拾玩具、打扫卧室等。接下来，决定每种工作或家务值多少筹码。对于 6 ~ 8 岁的孩子，每种任务可对应 1 ~ 10 个筹码，难度大的工作可值更多的筹码。总体原则是工作越难，对应的筹码数量越多。

告诉孩子，只有在第一次下命令就服从时才可以得到筹码。如果你不得不重复下命令，那孩子就不会得到任何筹码。然后，在本周，一定要不厌其烦地对任何一个小小的适宜行为进行奖励，即使这些行为不在先前制定的列表上。记住，你可以奖励孩子表现得好的任何行为。要抓住奖励孩子的机会，但应注意：在这一周不要因为不好的行为而扣除筹码！一旦孩子挣了筹码，他们就有权花掉。但有些时间（如睡觉时）是不能让孩子使用特权的。

表 7-1 家庭筹码方案

任务	获得的筹码数量（个）	奖励	花费的筹码数量（个）
穿衣（学龄前）	5	看手机（20 分钟）	10
洗脸 / 手	2	玩游戏（30 分钟）	12
刷牙	2	在院子里玩	5
铺床	5	骑自行车	2
将脏衣服收起来	2	吃自助餐	200
自己收拾玩具	3	滑冰 / 雪	400
饭后收拾餐具	3	看电影	150
独立做家庭作业（每 15 分钟）	5	和朋友出去玩	25
不与兄弟姐妹打架	2	去游乐场玩	300
读半小时书	5	买文具	25
按时睡觉	7	得到零用钱（10 元 / 周）	100

（2）对家庭点数方案的说明。

该方案与筹码方案的操作是一致的，只不过你是用表格来记录而非给予扑克筹码，并且每种任务的价值也更大。家长可制作一个 5 列的表格——每栏分别为日期、项目、存入、支出、余额。当孩子获得点数时，在项目栏中写下具体做的事情，在存入栏中写上具体的数量。当孩子购买特权时，将特权写入项目栏，将数额写入支出栏，然后在余额栏中将其扣除。只有父母能在这个笔记本上记录。孩子随时可以看笔记本，但是不能自己操作。

通常，大部分日常工作卡都可以对应 5~25 点不等，难度较大的工作会达到 200 点。凭经验估计，孩子每工作 15 分钟，你就可以给他大约 25 个点。

提示

➤ 每隔几周就查看一次奖励和工作列表，增加一些你认为需要的新项目，同时询问孩子想要哪些新的奖励。

➤ 你可以因孩子几乎所有的良好行为而奖励他筹码或点数。

➤ 在孩子完成任务前，不要给予他筹码或点数，但孩子服从后要尽可能迅速地给予孩子奖励。别拖延！

➤ 父母双方都要使用点数或筹码，以尽可能充分发挥其有效性。

➤ 当你因为孩子表现好而给他点数或筹码时，微笑着告诉孩子你具体喜欢他行为中的哪一点或哪几点。

本方案至少要实行一周才能开始下一步骤。当孩子能够完成大部分布置的工作或家务，而你也感到自己总能记得给予孩子点数或筹码时，就可以进入下一步了。对有些家长来说，这一步可能要持续 2 周的时间。

（六）步骤 6：学会用建设性的方法惩罚不当行为

1. 目的和目标

这一步是本方案中最关键的部分。当孩子表现不好或不遵守命令时，使用该惩罚方法需要家长有非常高的技巧。这一步骤的目标是减少孩子的挑衅、拒绝服从或其他不当行为。

2. 要点

家长需要知道，多动症本身不会造成孩子拒绝或反抗你。但是，如果布置给孩子的任务冗长、枯燥、重复或烦琐，多动症就会造成他们的服从问题，也会导致孩子在完成任务期间更多的分心。一开始就拒绝服从要求并不是多动症的行为症状，它属于违抗行为，并且可以通过执行本方案而大大改善。

为什么多动症孩子会表现出违抗行为？部分原因是许多任务都很枯燥但却是必须完成的，而乏味无聊对于多动症孩子而言是非常不愉快的。他们渴望刺激、乐趣和新奇。或许是因为过去由于缺乏耐心而受到的批评使他们变得抗拒，因此他们在害怕遭遇失败或被再次批评的情况下，渐渐地变得畏缩不前。一些成年人的过度批评和负面反馈无意中会造成孩子的抗拒性，而且父母对孩子最初的情绪表现所做出的反应使孩子了解到，抵抗、反抗和消极对抗是逃避任务的有效手段。有关社会合作、分享、利他主义和关注他人的研究表明，当一个人想与其他人在未来再次交往时，这类行为就会得到发展。由于多动症孩子对未来的感觉受限，他们就会较少关注他人，也缺乏与他人合作的动机。因此，父母最初回应孩子抗拒行为的方式就会决定孩子的行为态度在未来会变得多么过分和严重。所以，应用本方案来应对多动症孩子的违抗行为将会大大减少此类行为的再次发生。

（1）对孩子罚款的说明。

在使用筹码或点数方案 1~2 周后，你就可以开始偶尔选择性地将其作为一种惩罚的方式来使用。告诉孩子，无论何时何地，在要求他做家务活时他应听从指令，否则就会被罚款。从这时起，如果你给出命令但是孩子没有回应或服从，就对他说："如果我数三声你还没有按我说的做，你就会失去一个筹码（或点数）。"数到3，如果孩子仍然没有开始执行任务，你就可以从"银行"账户或记录点数的表格上扣掉完成该任务所应支付的数额。如果该任务不在家务清单上，就选择一个与其严重度类似的项目罚款额度。

从本周起，对于孩子任何形式的不当行为，你都可以使用罚款的方法。但是，注意罚款数额不要过大或使用得过于频繁，否则你就会迅速将孩子的"银行"账户清空，该方案也就不能起到激励孩子好好表现的作用了。试想一下，如果在工作第一周内，因为你有一些小的违规行为，老板就扣光了你的全部薪水，那么你还想再回去工作吗？一般情况下，使用"3∶1"的规则——每奖励孩子3次，就可以对孩子罚款1次。如果你发现自己对孩子罚款过于频繁，而本方案已经失去了激励孩子的作用，那么，请停止实施本方案1个月左右的时间。当你重新开始时，千万不要再罚孩子这么多了。

（2）有关使用暂停的说明。

暂停是惩罚更严重不当行为的一种常用方式。它是在惩罚期内让孩子待在一个安静的孤立的地方。在接下来的一周，只对一种或两种不当行为使用暂停。你可以选择那些在前面的步骤中使用代币制度效果不好的不当行为。

如果父母不打算检查交代给孩子的任务是否完成，就不要下命令。在首次向孩子下命令时，要用坚定而平和的口气。不要对孩子大喊大叫，但也不要把它变成你对孩子"不确定的请求"——此时，父母坚定的态度会让孩子有所领悟。在你给孩子下达命令后，数到5。你可以大声地数出来，但是如果你发现孩子对此已经习惯了，总是等到最后的"5"数出来才开始服从命令，那就改为默数。如果孩子在5秒内并没有打算服从，请对孩子说："如果你再不按我说的做，你就得坐到那个椅子上去！"（同时要用手指着墙角的椅子）给出这个警告后，再数到5。如果孩子在5秒内还是没有执行你的命令，你就要抓紧孩子的手腕或上臂，说："你没有按照我说的做，所以现在必须进入暂停！"这时你应该更大声地且用更加坚定的语气去说，但不要愤怒。提高音量是为了引起孩子的注意，而不是让你情绪失控。然后将孩子带到暂停椅上。孩子必须马上坐到椅子上，无论他做出什么承诺。如果孩子此时拒绝，你可以采用一些必要的轻微的强制动作，但注意不要让孩子的身体受到伤害。这时孩子不能去卫生间，不能去喝水，也不能站着争论，孩子必须马上被带到暂停椅上。你要将孩子放在椅子上，并严肃地说："你就待在这儿，直到我让你起来！"你需要告诉孩子，直到他安静下来，你才会回到椅子这里来，但是只说一次即可。其间，不要和孩子争论，也不要让其他人和孩子说话。你可以回去做自己的事情，但一定要留意孩子在椅子上做什么。孩子得一直坐在椅子上，直到满足以下 3 个条件才可以离开。

第一，无论哪个年龄段的孩子，至少在椅子上待够 1 ~ 2 分钟——这是最小的惩罚，做出轻度到中度的不当行为必须暂停 1 分钟，做出严重的不当行为须暂停 2 分钟。

第二，即使最小的惩罚结束，你也需要等到孩子安静下来才能让他离开。父母应做好准备，孩子第一次受到暂停的惩罚可能需要几分钟到 1 小时，甚至更长的时间才能安静下来。直到孩子能保持安静大约 30 秒，你才能回到那里去，即使这意味着孩子可能会因为争吵、发脾气、尖叫或哭喊而在椅子上待 1 ~ 2 小时。

第三，当孩子能安静一段时间以后，他还必须同意去做父母要求他做的事情。如果孩子暂时无法改正行为，如骂人或撒谎，孩子要承诺下次不再这样做。如果孩子不同意（说"不"），那就让他继续坐在椅子上，直到他同意服从最初的命令，才能离开椅子。如果孩子同意了，你就用平和的口吻说："我喜欢你照我所说的做。"接下来，你就需要等孩子做出适当行为后，及时表扬孩子。这既能确保孩子受到的奖励和惩罚一样多，也表明你并不是对孩子生气，而是对他所做的不当行为生气。

（3）如果孩子未经允许就离开暂停椅，怎么办？

有很多孩子在第一次受到暂停惩罚时，惩罚没有结束就擅自从椅子上逃离，以此来考验父母的权威。如果这是第一次发生，要将他放回去并大声而严厉地说："如果你再下来，我就要对你罚款了！"如果孩子再次离开，你就从孩子的"银行"账户里扣除一大笔筹码或点数（约为每日赚取数额的1/5），然后再将孩子放回去，说："现在你就待在这儿，直到我说你可以站起来！"此后，每次孩子擅自离开椅子都要对他罚款，即使是孩子因为一些其他不当行为被再次送到椅子上。如果孩子未经允许就离开暂停椅，不要再次警告，直接罚款。但是，如果孩子因为某事而被施以暂停的处罚时，多次未经允许就离开椅子，不要因此而罚款他两次以上，这种情况下，将孩子送到他的卧室，并尽可能把房间里所有吸引人的可以玩的东西都拿走。

（4）父母可以预期孩子的反应。

孩子在第一次受到暂停的惩罚时会表现得非常惊讶和不安，部分原因是你用了他意想不到的方式和坚定的态度对待他。他们会变得很生气，大喊大叫或哭闹，因为他们的感情受到了伤害。对很多孩子来说，他们只会在第一次发脾气；一般来说，从暂停开始到他们安静下来并同意按父母的要求去做，需要15～30分钟，但也可能会是一两个小时。你只需要沉住气，坚持按照上面的方法去做。渐渐地，孩子将会开始服从你的第一次命令，或至少是在你警告要对他施以暂停惩罚时服从你，因此使用暂停的频率最终会降低。但是，这需要1～2周的时间。作为父母，在第一周你要记住，你这样做并不是在伤害孩子，而是在教他更好地进行自我控制、尊重父母的权威并认识到遵守规则的必要性。

（5）注意事项：

①孩子不能离开暂停位置去卫生间、喝水、吃饭（过后再吃），更不要在暂停结束后给孩子准备特殊的零食，以此来弥补他错过的一餐，因为正是孩子坐在椅子上时错过的东西，才让暂停变得有效。

②如果你想针对孩子的睡前行为问题使用暂停的方法，那么你需要将处罚时间加倍，因为孩子在睡前所错过的事情一般不是那么重要。

③在未来的两周，不要在家以外的地方使用这一惩罚方法。

④下周一定要继续进行先前各步骤（特别是代币制度）的练习。

（七）步骤7：扩展使用暂停的方法

1. 目的和目标

减少孩子更多的不当行为。

2. 要点

继续使用暂停和罚款的方法。当你使用暂停的方法后，如果目标不当行为减少，那么这周再选择1类或2类新的不当行为作为目标。

当你在家至少使用2~3周暂停的方法之后，如果发现作为目标的不当行为出现频率下降，就可以进入下一个步骤了。你不需要在消除或减少孩子在家里的所有不当行为之后才进入下一个步骤。如果这种方法对孩子的效果不好，孩子与你之间的冲突一如既往，甚至变得更糟糕，那么你应该再次寻求心理健康专业人士的建议。

（八）步骤 8：学会如何在公共场所管理孩子

1. 目的和目标

使用前面学过的方法，减少孩子在公共场所的不良行为。

2. 要点

在公共场所管理孩子的关键是制订一个计划，并且在去该公共场所前确保孩子已经明白这个计划。具体来说，带孩子去公共场所时，应遵守以下几个原则。

（1）在进入公共场所前设定规则：与孩子外出前，停下来与孩子一起复习他需要遵守的重要行为规则。给孩子设定大约 3 个他在这一特定场所经常会违反的规则并让孩子复述。如果孩子拒绝复述，则警告他将会实施暂停；如果孩子仍然拒绝，带孩子回家并实施暂停。

（2）激励孩子服从：在进入公共场所之前，告诉孩子如果他遵守规则将会得到什么。对于 4 岁以下儿童，父母可以奖励孩子一小包零食并发给他。有时，也可在行程结束时答应孩子给他买一些东西，但只能在孩子表现非常好时才可以这样做。

（3）对孩子的不服从制定惩罚规则：带孩子进入公共场所之前，还需要告诉孩子当他不遵守规则或表现不好时会受到什么惩罚。大部分情况下，是以损失点数或筹码为惩罚方式，而中等到严重程度的不当行为会导致暂停的惩罚。父母不要害怕在公共场所使用暂停的方法——这是外出时应对孩子无理取闹最有效的方法，而且这种方法的使用也可以使你不会将愤怒升级为对孩子大声喊叫。当然，在途中也别忘了及时关注并表扬孩子遵守规则，以强化这种良好行为。

（4）布置一种活动：如果外出时父母有其他事情需要先处理，如办事或购物，在这样的情况下，给孩子布置一些活动就显得非常重要，这样可以避免孩子感到无聊。比如在出门的时候带一些他喜欢的东西，如一两件玩具或涂色书等。如果你匆忙之间忘了给孩子带解闷的东西，那就看看是否能给他一些与行程相关的事情来做，比如，让孩子在超市帮你推购物车，或者让他去寻找你要买的东西。

（5）当暂停不可行时：如果父母发现有些环境下不能将孩子放在角落来惩罚其不当行为，可以用以下替代方法，但仅限于你确实无法找到实施暂停的区域时使用。

①将孩子带到建筑物外面，让他面墙而站。

②带孩子到车上，让他坐到后座上，你坐在前面或待在车旁。

③带一个小笔记本，在进入公共场所之前，告诉孩子你会记下他所有的不当行为，等你们一回到家就罚他暂停。

三、特殊情况

尽管你已经成功地完成了以上 8 个步骤，但请记住：所有孩子都会偶尔出现一些令人意想不到的行为问题。此时，可以按照下述步骤去做。

1.拿一个笔记本，记录孩子的行为问题。尽量写明白孩子哪里做错了，未遵守哪条行为规则，以及你现在使用的管理孩子的方法。

2.将上述记录保持一周，然后认真阅读并反思自己和孩子的行为问题。

> ➤ 你是否过于频繁地重复下命令？
> ➤ 当孩子遵守规则时，你给予他的关注、表扬或奖励是不是不够？
> ➤ 孩子违反规则后，你是不是没有立即惩罚他？
> ➤ 你是否不再保留与孩子共度的特殊游戏时间？

一旦你发现自己又回到了这些旧习惯上，请立即予以纠正，并再次回顾本方案的各个步骤。

四、注意事项

上述 8 个步骤及方法更多的是需要你坚定地去"做"，而不是"说"——不要与孩子就此话题进行讨论。在贯彻执行上述方法和原则的过程中，不要情绪化或让自己深陷其中，这会使你无法客观地看待孩子的缺陷。最重要的是，不要个人化孩子的行为问题，练习每日宽恕孩子的"罪过"和自己的错误。

随着坚持不懈的反复练习与执行，你会发现自己的努力逐渐会获得回报，孩子的行为变得更加适应社会、合作和友好。通过服从父母的建议、规则和命令，孩子学习到责任感和开放意识。孩子与其兄弟姐妹的互动也会变得更加积极。一些家长会发现，他们管理家里其他孩子的能力也会大大提高，而多动症孩子的行为问题也有所减少，甚至他们的婚姻关系也会更加和谐。此外，大多数使用此方案的家长，会对他们自己作为父母、老师和朋友的角色有了新的认识，也会变得更加自信。

第三节　增进多动症孩子的人际交往技能

在多动症孩子所面临的问题中，最棘手的可能就是他们与周围同龄人之间的关系。看着自己的孩子被同龄人一次又一次地拒绝，这无异于一种情绪上的毁灭性打击。你眼睁睁地看着孩子的自尊心受到影响，继而看着孩子被孤立。虽然在家有家长，在学校有老师，这些问题能得以解决，但是在其他社交场合，对父母来说剩下的只有"无能为力"。

一、多动症孩子的社交状况

多动症孩子通常在与其他孩子的相处方面存在严重的问题。他们过度兴奋和冲动的特点往往会激怒其他孩子，或者让其他孩子觉得他很讨厌，尤其是当多动症孩子需要和其他孩子合作完成某项任务的时候。其他孩子也不喜欢多动症孩子的反应迟缓或口无遮拦，尤其是当多动症孩子对其他孩子做出一些刻薄的评论时。多动症孩子很容易变得不安、垂头丧气或表现出攻击性，这导致其他孩子和他们在一起的时候也会感觉不适。当出现口头上或身体上的攻击、挑衅、对立或敌对时，多动症孩子与其他孩子相处的问题就变得更加严重。最终的结果就是，多动症孩子在邻居或同学中的名声非常不好。

这些社交问题的核心是多动症孩子在时间感和未来意识方面发展的迟滞。他们往往活在当下——当下能得到什么，对他们来说是最重要的。社交技巧以及对另一个人表现出兴趣通常无法产生及时性的回报，因此多动症孩子就会认为这些社交技巧似乎没有什么价值。他们无法考虑未来的后果，因此通常无法认识到他们的自私和以自我为中心的行为表现最终会让他们没有朋友。他们不理解这样的概念：人与人之间的密切关系是建立在长期相互帮助与相互喜欢的基础上的。

二、父母该如何帮助多动症孩子学会社交

对父母而言，试图帮助自己有社交问题的多动症孩子可能是他们面临的主要挑战，并且其努力有可能收效甚微。在多动症孩子与同龄人交往时，父母通常是不在场的，因此他们无法帮助孩子抑制自己的冲动，或者让孩子停下来好好思考一下自己的行为举止。出于这些原因，父母难以对多动症孩子的社交能力或同伴关系产生实质性的影响。尽管如此，专家建议父母进行以下尝试：①致力培养孩子良好的社交能力；②帮助孩子处理被他人嘲笑的问题；③在家里安排积极的同伴接触；④在小区里安排积极的同伴接触；⑤请人在学校对孩子的同伴社交

问题予以帮助。具体来说，可以尝试下面的方法。

（一）鼓励孩子邀请同学在课后或周末来家里玩

关注与你的孩子有共同兴趣爱好的孩子，在家里提前为孩子做出计划——让孩子们在你的监督下看电影、打游戏，在孩子们触手可及的地方放一些他们都喜欢的零食，在你的辅助下做手工、做模型或其他你认为另一个孩子可能会喜欢的事情，但所有活动都要在你的密切监督下进行。这些由家长精心组织的与同龄人的接触可以帮助多动症孩子建立与同龄人的友谊。

（二）关注孩子与其他孩子之间的互动

如果别的孩子到你家来玩，密切关注他们的活动，捕捉任何可能导致孩子之间互动失控的信号，如他们之间的讽刺话语增多，开始胡闹、打闹，比平时说话声音大。当然，孩子垂头丧气或互生敌意的情况也是需要父母关注的。一旦出现上述情况，应中断游戏，让孩子们暂时休息，吃点零食或进行一些更平和的活动，或换一个地方玩。

（三）尽可能避免让孩子在家看到不良行为

孩子天生具有很强的模仿能力，父母应审视自己和其他家庭成员的行为，看看自己是否已成为这种不良行为的"榜样"，如大喊大叫、骂人、大声争吵、说脏话或扔东西等。此外，父母还需要关注孩子看电视或手机的习惯。一些电视节目中的暴力场景会增加多动症孩子的攻击行为和冲动性。必要时，父母需要向孩子指出节目中那些不合适的且有可能不被其他孩子喜欢的攻击行为。

（四）不鼓励孩子与有攻击性的同伴一起玩耍

父母在照顾多动症孩子时，不能强化他们的攻击性倾向，要多鼓励孩子与能很好处理同伴关系的孩子一起玩，并邀请这样的孩子到你家里来，确保他们能对你的孩子带来积极影响。如果你的孩子已经接触到了那些具有攻击行为或反社会特征的孩子，那么尽最大努力切断他与这些孩子的往来。有必要的话甚至可以考虑搬家，搬到一个更好的，且孩子同伴关系更加亲社会的社区去，这对孩子同伴关系的发展是有好处的。

第四节　帮助多动症孩子走进校园

如果你和很多家长一样，是通过孩子的老师第一次了解孩子的行为问题，那么你应该已经知道多动症孩子面临的一大难题就是难以适应学校的要求。许多研究表明，大多数多动症孩子在学校的表现比同龄孩子在校的表现要差得多。1/3 的多动症孩子可能无法从高中毕业，通常他们的学业成绩也明显比其他孩子要低。超过一半的多动症孩子有着严重的对立违抗行为问题。这就解释了为什么 15%～20% 的多动症孩子因行为问题而辍学甚至被学校开除。

一、多动症孩子的学校表现

多动症孩子与普通孩子在学校的表现方面存在 4 个主要的

不同点：①多动症孩子的学业参与程度更低；②多动症孩子的社交技能更差；③多动症孩子的学习动机更弱；④多动症孩子的学习技巧更差。这些问题与孩子在学校遇到的困难直接相关。

正是因为多动症孩子在学校各方面的表现与普通孩子存在差异，家长们发现，老师对孩子在校的各种反应会越来越带有控制性和命令性。随着时间的推移，多动症孩子的挫败感可能会导致他们在和老师的互动中越来越带有抵触情绪，这种不良的师生关系会使多动症孩子本来就差的学习成绩和社交技能"雪上加霜"，并进一步削弱他们的学习动机和学业参与度，打击他们的自尊心，最终会导致他们学业失败和辍学。相反，如果孩子能与老师建立积极的师生关系，就可以帮助他们提高学业成绩和社会适应能力，甚至会对孩子产生长期的影响。那些在童年时期被诊断为多动症的成年人表示，老师关心的态度、特别的关照和引导会成为帮助他们克服童年问题的"转折点"。

事实上，孩子在学校是否能获得成功，最重要的一个因素就是老师。无论孩子上公立学校还是私立学校，班级是大还是小，上述结论都成立。

国外一些文献就老师身上的哪些要素或特点会对多动症孩子在学校的表现产生重要影响进行了分析。研究发现，最重要的几个要素包括：老师的耐心，对多动症的了解程度，在班级里对多动症孩子进行有效管理的教学技巧的掌握程度，在多动症孩子的治疗过程中与跨专业团队之间的合作，以及对多动症孩子特殊学业的积极态度。从这个研究结果中父母不难发现，一名合格且有耐心的老师对自己的多动症孩子有多重要。因此，对父母来说，如果你的孩子即将步入小学或中学学习，你不应该等到开学前才知道谁会是自己孩子的老师，而是应该早在每年的3月或4月就开始与校长商讨谁才是最适合你家孩子的老师。

下面是一个多动症孩子在求学过程中的心路历程，父母们可以读一读，它会帮助你更充分地了解自己的孩子，也有利于孩子将来在学校里的成长与适应。

孩子眼中的多动症

我总是在想，为什么我在幼儿园里从不和大家一起做小组游戏，老师总是让我在角落里自己玩玩具。因为被单独挑出来，我没有很多朋友。我是不同的，但我不知道为什么，我和大家的不同之处在哪里。在一年级期中时，老师把我妈妈叫到学校来谈话。他告诉我妈妈，我有多动症。老师建议妈妈带我去看医生，让医生给我做一些测试。妈妈带我去看了医生，在做了一些测试后，医生让我吃哌甲酯。2周后，老师说我完成了家庭作业，得到了好的分数，自我感觉变好了。尽管我们（妈妈和我）认为我们赢得了这场战役，但是我们不知道未来还有什么"艰难险阻"在前面等着我们。

二年级过去了，我在学校的表现还不错。老师在期末给我的评价中写道"艾伦在过去的一学期学习努力，鼓励他在家阅读"。我讨厌阅读，因为要理解所阅读的东西非常难。我喜欢在外面玩，到操场上跑步、骑自行车。

　　时光流逝，到了三年级以后，事情变得糟糕了。我感到我没有一件事情做得对。我先尝试好好做。老师在我的卷子上写道"需要专注于答案""需要交作业""需要听从命令"。我真的认为老师不喜欢我。她总是很严厉，似乎从来都不笑，总是盯着我。

　　四年级的时候，我感觉我的世界都要崩塌了！在开学前，妈妈带我去看医生，我们之前每年都去。医生开的处方剂量与前一年开的一样。他不想增加我的剂量，除非他确实需要这么做。四年级开学后的最初 6 周过去了。我还是做得不好，但是医生会说也许是因为新学年换了新的老师，我正在适应。妈妈对老师说，医生在考虑加大我的哌甲酯剂量。老师说，是该做点什么了，因为我那时的成绩很差。我总是不预习，总是需要再次去柜子那里，因为我总是忘拿东西。医生将剂量增加到早上一片、中午一片，在房间里的人都说"笨蛋要去吃药了"。

　　老师希望我可以更加集中注意力，因此有一天他把我的桌子放在远处的角落，与班里其他孩子分开。几天过去了，我仍不能按时完成作业，但是我试着将作业做正确。老师并不在意这些，但这没有结果。老师将纸箱放到我的桌子周围，这样我就看不到班里的其他人了，但我可以听到他们嘲笑我，这让我很受伤；我感到羞愧，并且对老师的行为很是气愤。我不能告诉妈妈，因为这可能造成麻烦。我讨厌学校，不喜欢老师，而且我开始讨厌我自己。想象一下，一个 9 岁的孩子在每天经历了这些之后，第二天该如何去面对。一周过去了，我在纸箱上抠了一个洞，因此我可以看到谁在嘲笑我。我开始通过洞偷看，这让其他同学哈哈大笑。老师被惹怒了，因此我成了班里的小丑，被休学 2 天。当妈妈了解了这些情况后，她非常生气。她对老师的做法非常愤怒，也非常气愤校长竟然允许老师这样做，没人能知道这对我来说意味着什么。

妈妈打电话给医生，告诉他发生了什么，并请求他推荐一个专家，我们需要帮助！我记得妈妈在电话里哭了起来，这让我很害怕。我认为我真的是有麻烦了，但是相反，她把我放在她的大腿上，亲吻我的脸颊，抱着我说："宝贝，你对我很特别，我爱你。我们要一起经历这些。"这让我感觉很好，因为妈妈总能"搞定"一切。

第二天，妈妈告诉我，我们要去见一个特别的人，一个我可以和她聊天的人，我有点紧张。这个人是个有执照的临床社会工作者。她非常好，在我们聊天时，我在玩游戏。过了一会儿，我发现她像个朋友一样。到了我们与校长见面回学校的时候了，妈妈和我进了办公室。校长想把我的位置让给一个更有价值的学生，一个学习成绩很好的学生。那时，妈妈向校长询问作为一个有生理缺陷的学生的权利。她说，她不喜欢四年级的老师对我的一些做法。然后，校长给他的一个朋友打电话，那个人也是一个校长。妈妈有事，所以没有去参加学校董事会，一起来讨论这件事。

我要去新的学校了，这个学校离我妈妈工作的地方很近，多亏了那个电话。

那天，在回家的路上，妈妈对我说，他们对我做的事情是错误的，他们应该感到羞愧。她说，在这个世界上有许许多多聪明又成功的人，但是他们自己一点儿也不开心。她还说："更重要的是过得

163

快乐，你要相信自己，无论发生了什么，你都可以克服。成绩很重要，但是自我价值感也很重要。"

新学校的氛围更加积极，我的成绩也上去了。医生降低了我吃药的剂量，因此我不再需要离开课堂去吃药了。

五年级来了，我的感觉非常棒。我有最好的老师，她经常面带微笑，灵活却很有条理和计划。我记得有一天她让我去柜子里拿《夏洛特的网》这本书。我到了柜子那里，发现了一本我认为最精彩的书——《王者之风》，这是一个关于马的故事。我把《夏洛特的网》这本书藏起来，告诉老师我找不到，但是找到了这本关于马的书，我真的非常喜欢马。一直以来，老师都知道这些书都是在柜子里。她认为如果《王者之风》更吸引我，那么也许它比《夏洛特的网》更值得一读。在读完了《王者之风》这本书后，我写了一篇关于这个故事的读书报告，这令老师印象深刻。她把我的读书报告贴在班里，并对我的报告给出了一些评语。我感到非常骄傲——为自己而骄傲。从此，我的生活又步入了正轨。生命是伟大的，我的父母也为我感到骄傲。

六年级了，我做得相当不错。我需要换课程了。这需要更好的组织能力，这对我有些难。我用带颜色的文件夹来标注课程以及上课的时间和地点。

在七年级时，我遇到了一些小困难，这里有更多的同学，我有点在混乱中迷失了。

到了八年级，每天都是一场斗争。我感受到更多来自同龄人的压力，我经历了很多改变以及青春期。我发现自己像和祖父在一起时那样经常做白日梦。祖父有他自己的事业，他教会了我很多东西。通过这种方式学习很有趣。这是实践中的学习。可不管怎样，那年我的学期总结中仍写道："需要完成工作，没有上交全部论文，需要更加努力。"我每天都在担心。有时当自己独处时，我竟然会哭。我该如何让这些人理解我？我自动将自己隔离起来，在学校的每件事似乎都是消极的。

夏天到了，我需要休整；我与祖父一起工作。这个夏天，家人花了很长时间为我进入高中做准备。高中！好大的一步！我长大了。我会期待更多的事情。我想要适应，既不想当一个不良少年，也不想成为一个笨蛋。

父母警告我不要接触学校的坏孩子，告诉我高中对未来很重要。好大的压力啊！妈妈与班主任说我有多动症。班主任让她放心，说我会很好的。第一天上学时，我真的很紧张，但是猜猜怎么了？大家都是新生。最开始的 6 周过去了，不是所有的老师都会花时间去阅读我的学校记录，他们没有意识到我有多动症。天哪，一切还在我的掌握之中。

那年的晚些时候，当妈妈去参加家长会时，有一个老师说："我竟然完全没有猜到艾伦有多动症。"妈妈当时很惊讶。老师说："他着装得体，头发干净，尊敬老师，不是一个自作聪明的人。他没有遇到麻烦。"妈妈转了转眼珠，没有说话，一直到我们回到自己的车里。"艾伦，那个老师不了解多动症。其实，任何人都有可能得这个病。患有多动症并不丢人，至少我们知道应该如何去应对。记住，你要变得强大，而不是放大自己的软弱。忽略老师的评语，她在这个问题上还有很多需要学习的内容。学校不仅仅是学ABC这种基本知识的地方，不再是了！"

我希望做到属于这里。我表现得很强硬，甚至开始说谎话。我会讲一些在别人眼里使我显得很强大的故事，但是每个人都知道它们是谎言。我让事情变得更糟了。在高中，你需要每天与很多人待在一起。你要遇到许多老师。有些老师只是为了赚钱谋生，很少有人真正在乎学生。但是我就遇到了这样的一个好老师，她对我很上心，试着更好地了解我。当我需要有人站在我这边时，她会支持我。

有一次，老师让大家写一个故事《如果人们都在一个虚幻的世界里会怎么样？》老师问我的想法，我回答："我生活在一个真实的世界里。"这让老师很迷惑。我现在15岁了，需要和真实的世界打交道。做梦确实很美好，作为一个患有多动症的学生，我需要用尽全力才能实现我为自己设定的目标。

在我到目前为止的学习生涯中，我经历了太多事情。我的妈妈说我很善良；我关心那些有需要的人。我并不傻。人不能通过考试来衡量智慧。我认为自己在学校做得已经比以前好很多了。学校的心理专家已经成了我的一个重要帮手。当我的老师不理解我时，如果我不同意某些事情，或者我有问题时，我都会与心理专家聊聊天。这可以让我与理解我的人聊天。我想要说的是：无论发生了什么事，我都可以克服。

我拥有那些真正关心我的人，从他们那里我获得了力量。

二、为多动症孩子选择合适的学校

一般来说，帮助多动症孩子达到学业成功的第一步就是选择合适的学校。但在现实生活中，我们往往是没有多少选择余地的。无论是受经济条件还是所居住社区所限，家长通常没有足够多的可以挑选的选项。越来越多的父母——无论孩子是否患有多动症——为了便利都会在居住地附近选择学校。因此，如果你的孩子患有多动症，你在为孩子选择学校时，应该做下面的一些准备。

1. 与校长讨论，了解他们对多动症的认知程度，对多动症导致的学业困难的了解程度，该校有多少老师受过多动症相关的教育培训，以及学校对于这种孩子的录取意愿。

2. 如果学校愿意接收你的孩子，那么可以询问一下学校的课堂规模。一般来说，多动症孩子适合尽可能小的课堂规模（每班 30 ~ 40 人），同时询问学校是否有心理学教师、相关专业人士以及是否有具备经验的高年资教师可担当年轻教师的导师或顾问，帮助他们掌握课堂管理方法。

3. 这所学校是否重视家校沟通？是否鼓励学校和家长开放性且经常性地相互交流？学校对校外专业人士和专家的态度如何？是否能保持一定程度的开放？学校是否愿意配合家长就孩子的多动症问题进行探讨？如果校长对这种来自校外的建议很抵触，那么建议还是找其他学校吧！

三、为多动症孩子选择合适的老师

在为你的孩子做出尽可能好的选择前，你需要根据两个关键因素来评估老师——老师对多动症的了解程度以及对多动症和行为改善技巧的态度。

（一）老师对多动症的了解程度

事实上，中国目前的教育机构里很多老师并不了解多动症，包括多动症的本质特征、过程、结果和起因等。很多老师也不了解哪种治疗方式会对多动症孩子有帮助。在这种情况下，尝试在这样的班级氛围内对孩子进行行为管理可以说收效甚微。家长在与校长和老师面谈的过程中，就能了解该校是否有老师对多动症有所了解。如果很不幸这个学校没人了解这方面的知识，那么就需要家长自己花精力向孩子的老师提供相关的建议了。

（二）老师对多动症和行为改善技巧的态度

老师对多动症孩子的态度取决于老师受过的教育培训，以及他本人在教育方面的个人经验和理念。在中国大力倡导社会心理服务体系建设的过程中，有越来越多的学校意识到，对在校教师心理健康素养的培养，对提升中小学生的心理健康水平有着巨大的促进及推动作用。研究表明，在与家长就孩子的多动问题进行商讨时，如果教师的态度专横跋扈并且不愿意接受关于多动症的专业建议和咨询，那么孩子在学校的表现也不会太好。事实上，这种老师不太可能会采纳专业顾问的任何建议，也不会在自己的课堂上为多动症孩子做出改变。使用消极方法的老师不太可能采取行为改善技术，他们错误地认为，只是采取行为改善技术是不能提升孩子的学习动机的。在某些情况下，老师只有通过进一步参加心理健康专业培训并与专家进行交流，他们的这类错误观念才能够得到改变。但也有老师的这种固有想法根本不会改变，那么在这种情况下，给孩子转班并换一位新的老师，或许对孩子才是有益的。

如果老师的积极性很差，或者家长和老师的理念存在冲突，作为家长，请你态度坚定地向学校管理者施压，要么要求老师提高责任感，要么就让孩子换班或转校，牺牲孩子这一年的教育并不是明智的选择。当上述方案都不可能实现时，你需要通过校外教育机构给孩子进行额外的学业辅导，并在家里帮孩子复习功课，这些都是可行的方式。

家长还需要了解孩子老师的适应度如何以及是否有家长投诉过这个老师不称职或者教学不利。你可以从校长或其他教职员工那里了解关于这个老师的信息：他是如何应对行为问题孩子的。你也可以去看看这个老师当时在带的那个班，找那个班的学生家长聊一聊从而更清楚地了解这个老师的业务能力。

四、家长、老师与医生的配合

总体来说，父母、老师和治疗团队的紧密合作是非常重要的。其中，父母的态度至关重要，甚至有可能毁了三方的合作。

与学校长期对抗的态度是否会阻碍你所做的努力？你是否在等学校"治愈"你的孩子，而你自己却被动地等待或表现得"事不关己"？如果孩子在家里没有太大困难，你是否会和自己说，学校糟糕的教育和管理方法是孩子在课堂上遇到困难的原因？请确保定期审视你的态度，看你的态度是否阻碍了三方的合作进程。如果你与老师之间已经出现了对抗，那么很有可能会降低对多动症孩子干预的效果。在这种情况下，你需要让专业顾问与你一起去学校，调节你与老师的对立态势。

如前所述，对多动症孩子来说，这里提倡的行为方案需要与药物治疗结合起来才能解决孩子在学校的问题。研究表明，药物治疗与行为方案相结合的效果比单独使用其中任何一种方法的效果要好。因此，如果你的孩子在学校有严重的问题，你应该考虑采用药物治疗。

如果你发现孩子的学校有一个对孩子非常关注的优秀老师，请不要吝惜你的支持与赞赏；无论以哪种方式，尽可能地支持老师；如果老师希望你帮忙做些什么，请对老师的建议保持开放的心态；不仅要对老师表达你的认可和赞赏，同时请积极关注孩子的老师，与他们建立更紧密的关系，这对帮助自己的多动症孩子有很大的好处。

在许多情况下，本书所描述的措施和方案对轻度到重度的多动症孩子，或使用药物控制注意力不集中和行为问题的孩子已足够。但在其他情况下，特别是对有严重多动症症状并且伴发对抗、攻击行为及有学习障碍的多动症孩子，就有必要考虑他们的择校问题了。例如，选择特殊教育学校或私立学校。在理想的状况下，择校时还应考虑教师与学生比，以及老师具备行为改善方面的专业技能等因素。

五、多动症孩子的留级问题

研究发现，有 23% ~ 40% 的多动症孩子在上高中之前至少留过一次级，大多数发生在小学低年级。因此，许多父母需要考虑是否通过留级来解决孩子的困难。

虽然曾有很多家长给自己的多动症孩子留过级，毕竟多动症孩子的行为表现在其年龄段是不成熟的，很多老师也许会有类似的建议。但是，研究表明，留级并不能帮助多动症孩子在成绩上获得显著的提高，还可能会对孩子造成多种负面影响，如对学校失去兴趣、失去学习机会，男孩会增加攻击性、女孩会变得更忧郁。留级后，这些孩子更有可能受到同龄人的排挤。和没有留过级的多动症孩子相比，曾留级的多动症孩子更有可能无法从高中毕业。

有研究人员曾对加拿大蒙特利尔公立学校的数千名学生多年的教育情况进行研究，考察留级对孩子是有益的还是无益的。结果发现，留级对于孩子来说没有可测量的实际益处，却有很多坏处。留级的孩子经常会对学校和学习失去兴趣，在未来与同龄人的交往过程中出现更多的问题，经常会变得更具攻击性。对多动症孩子来说，留级的经历甚至会让他们更有可能在高中毕业前辍学，且留级越早，危害越大。

一旦孩子开始正式上学就不建议留级，但在孩子上一年级之前，让他多上一年幼儿园是可以考虑的。在做留级的决定之前，父母需要考虑下列因素。

1. 学业状况

如果孩子有能力完成下一个年级的学习，那么，和留级相比，小班教学则更加适合他。如果孩子通过心理测试确定了学习成绩和智力上有全面的发展迟缓，那么可以考虑留级。如果没有，则提倡在孩子落后的方面提供适当的课后教育服务。

2. 身体和年龄

当多动症孩子的体形要比其他同学大时，家长应和孩子讨论留级带来的社交问题。当孩子体形较小或孩子的生日在小学一年级截止日期前后，那么留级似乎是比较明智的选择。

3. 情绪成熟度

对冲动和挫折的忍耐力低使得情绪不太成熟的多动症孩子不太可能在幼儿园或学校复读一年就被治好。相反，在学校参加社交培训则有可能产生更大的帮助作用。事实上，许多孩子的困难可以通过专业的治疗来解决。专业的治疗师可以向老师提供建议，并由老师在课堂上使用。言语治疗也很有用，特别是专注于交流时的语言训练，在这方面的治疗能够形成一种有效的社交能力训练方案。

4. 老师的授课方式和期望

老师对于多动症孩子的期望和态度是不同的。是否让孩子留级，老师是十分关键的决定因素。

5. 替代的课堂选择 / 课程

除了常规的幼儿园或小学一年级，父母还可以为孩子积极寻找其他可行的教育选择，如一些提供语言强化训练的基础培训课程，以及有针对性强化训练的学前班等。此外，使用计算机辅助教学对多动症孩子也有益。很少有多动症孩子不喜欢电脑游戏，这类游戏能增强孩子的学习能力，帮助掌握课堂学习内容。因此，一般的原则是，在建议留级或不留级的情况下，应该对之前使用的教学方法进行深思熟虑，同时也需要对当前使用的教学手段加以思考，以确保当前的教学方式比之前的更为有效。

参考文献

[1] Hutchison L, Feder M. Relations between parenting stress, parenting style, and child executive functioning for children with ADHD or Austim. *Journal of Child and Family Studies*, 2016, 25: 3644-3656.

[2] Kim HW, Cho SC, Kim BN, et al. Does oppositional defiant disorder have temperament and psychopathological profiles independent of attention deficit/hyperactivity disorder? *Compr Psychiatry*, 2010, 51(4): 412-418.

[3] Miller M, Musser ED, Young GS, et al. Sibling recurrence risk and cross-aggregation of attention-deficit/hyperactivity disorder and autism spectrum disorder. *JAMA Pediatrics*, 2019,

173(2): 147-152.

[4]Reimelt C, Wolff N, Holling H, et al. Siblings and birth order-
are they important for the occurrence of ADHD? *Journal of
Attention Disorder*, 2018, 25(1): 1-9.

[5]Schuck SEB, Emmerson NA, Fine AH, et al. Canine-assisted
therapy for children with ADHD: preliminary findings from the
positive assertive cooperative kids study. *Journal of Attention
Disorder*, 2015, 19(2): 125-137.

[6]Schuck SES, Johnson HL, Abdullah MM, et al. The role of
animal assisted intervention on improving self-esteem in
children with attention deficit/hyperactivity disorder. *Frontiers in
Pediatry*, 2018, 6: 300.

[7]Stevens AE, Canu WH, Lefer EK, et al. Maternal parenting
style and internalizing and ADHD symptoms in college students.
Journal of Child and Family Studies, 2019, 28: 260-272.

第八章

CHAPTER EIGHT

帮助多动症孩子
顺利度过青春期

Love and Respect

即使再强大的成年人，在思考如何培养患有多动症的青少年时，也会觉得力不从心。青少年在经历了巨大的身体、情感和心理上的变化后，可能会引发永无休止的争吵、不敬、对抗权威和其他令成年人胆战心惊的行为。当孩子进入青春期，他们将面临一个充满各种可能的新世界——喝酒、夜不归宿、不安全性行为——他们必须做出明智的选择，才能防止这样的可能性变成真实的危害。

而上述这些只是青春期个体要面对的正常挑战，但它们有可能在患有多动症的青少年身上被无限放大。多动症可能会阻碍孩子达成这个年龄段需要完成的发展任务。你的孩子可能会遭遇学业上的失败、社会孤立、抑郁和自卑，也有可能陷入与家人的诸多不快。这些不断升级的问题可能会使你的家人陷入严重的危机——在这种情况下，你可能需要心理健康专业工作者的介入，或者至少能够避免把以下问题变成永无休止的冲突。

> 按时且有序地完成家庭作业。
> 顺利完成日常家务。
> 选择适当的朋友和适当的社交场所。
> 尊重其他家庭成员的权利和隐私。

> ➤ 离家在外时能对自己的言行负责。
> ➤ 减少各类危险行为（如吸烟、喝酒、性行为、独自驾车）。

国外研究显示，多动症青少年与其父母之间产生的冲突显著多于正常青少年与其父母之间的冲突，而且这些青少年与他们的母亲似乎会产生更多的冲突，主要围绕以下几个方面：着装不当、音乐声开得太大、在学校惹麻烦、和兄弟姐妹打架、把房间弄得乱七八糟等。同时，许多多动症青少年的母亲也反映，自己比孩子的父亲经历更多和孩子的激烈争吵。这一切都表明，如果孩子患有多动症，那么母亲可能会比父亲承受更多的压力。

实际上，这些争吵的核心冲突和普通青少年与他们父母争吵的焦点并无二致，即青少年希望自己做决定的意愿与父母仍想保留决策权之间的冲突。简单说，就是父母想更多地控制青少年的所作所为，但孩子却并不愿意买账。所以，对父母来说，帮助孩子顺利度过这个发展期的主要挑战在于，如何在尽量不破坏亲子关系的前提下，让青少年自然地过渡到能够自我决定的状态，并且在这个过程中还能够为子女做好充分的准备，使他们从青春期逐步走向独立于父母的成年早期。

第一节　多动症对青少年的影响

一、青春期的心理特征

从童年期对父母的完全依赖，逐渐走向成年期与父母之间平等的关系，在逐渐独立的过程中，青少年应该弄清楚自己是谁，支持什么（自我同一性及价值观），如何与他人结成深厚的友谊并形成终身的关系，如何克制自己有时候难以控制的性冲动，以及想要过上怎样的生活（包括所受教育及从事职业等）。青少年应当完成上述所有任务，成功完成学业，学会与家人相处。

青少年一方面急于摆脱父母，但是一旦在外面残酷的世界中遇到不公平的待遇或需要父母提供资源时，他们就又会马上折返回来。与此同时，身体的巨大变化，尤其是身体的快速发育和性成熟，使他们变得喜怒无常，对批评很敏感，自尊心很脆弱。青少年希望自己无所不能，这样他们才能应对自身正在经历的各种快速变化，相信自己可以成为独立的人，成为有自我决策能力的人。承认自己有错，对青少年而言似乎是一场灾难。

二、多动症对青少年的影响

多动症青少年与其他青少年一样，也要经历相同的冲动和挑战。然而，他们的执行能力更弱，这导致他们通常在社交或情绪上更不成熟，自控力也不如其他青少年。因此，多动症青少年可能看起来比"正常"青少年更不稳定，对轻微的批评反应过激，或者把一切都视为批评。多动症青少年客观上可能还没有准备好承担独立的责任，但他们主观上与其他青少年一样渴望独立。

我们之前介绍的所有方法都不是用来"治愈"这些孩子的，而是为了减少冲突和混乱。在理想状态下，你的孩子最终将学会这些技能，形成更好的社交行为模式，并且能够按照社交场合的需要自发地使用它们，但不要指望能够完全停止使用这些方法。

正常青少年的自制力、先见之明、计划性及目标导性是不断发展的，并且能够在生活中发挥越来越大的作用，但这些能力在你患有多动症的孩子身上会比较晚熟，发展的速度也会更慢。缺乏逐步发展的机能，将会构成多动症孩子在青春期最大的困扰，因为这些问题再加上已有的注意力缺乏和多动会产生一种全新且复杂的家庭矛盾模式。

许多患有多动症的青少年似乎无法遵守与父母之间的约定。这其实是孩子专注力和自律能力缺乏的表现，同时伴有部分的叛逆。青春期加上多动症会使多动症青少年更加喜怒无常、情绪化、过度敏感、易激惹、暴躁、"好斗"、无法忍受挫折，甚至不考虑自己行为的后果，从而导致情绪爆发、频繁争吵、冲突迅速升级，甚至与父母发生身体上的对抗。有30%～40%的多动症孩子的肢体动作会一直持续到青春期。当与父母进行讨论时，他们会表现出焦虑不安或看上去百无聊赖，这些表现很容易被误解为对父母的不尊重，从而引发亲子间"愤怒—敌意"恶性循环的沟通模式。

第二节　应对方法

一、父母应培养的应对态度

父母对这些冲突的判断往往都会集中到一个结论上，即多动症青少年的态度有问题。事实上，不管你愿不愿意承认，父母的态度也是有问题的。如果你想让处于青春期的孩子改变态度，就必须先改变自己的态度。

（一）期待要求

期待多动症孩子取得令人满意的成绩，按时完成作业，不惹麻烦；期待他在家能遵守基本的生活规则，尊重其他家庭成员；期待他能与你用更积极有效的方式沟通，尽量在不发脾气的情况下解决冲突。这是有益的，但要明确的是，这些只是期待，而不是要求。不要苛求完美或完全服从。如果你有不切实际的期待，毫无疑问，结果多数时候会是失望、沮丧和愤怒。你的失望、沮丧和愤怒将妨碍你有效且合理地处理青少年的问题行为，并且很容易失控，做出令自己追悔莫及的事。

（二）预期中的误入歧途

父母经常害怕青春期的孩子犯太多错误会毁了他的前途，还会担心如果给孩子太多的自由，他可能无法负责任地驾驭手中的自由，这也会毁了孩子。不做作业，不打扫房间，真的会让你的儿子以后变成一个无所事事又无家可归的流浪汉吗？你的女儿晚回家，或者去没有成年人监督的地方，这真的会导致她与不三不四的人交往甚至怀孕吗？家长的许多恐惧都被放大了。这种夸大的结果就是，青春期的孩子认为，既然你不信任他们，他们就会专挑让你最担忧的事情去做。

（三）恶意归因

如果你的孩子不能把垃圾拿出去或自己铺床，你可能会得出下面的结论：她是故意想气你。多动症青少年做事各有各的理由，有些理由是无法预测的，但绝大多数时候他们并不是故意要惹父母生气。如果将这些青春期孩子的行为理解为故意或恶意的，你可能会一直在生闷气，不能和孩子以恰当的方式相处。你对自己持有的不合理预期是否会感到内疚呢？

请你闭上眼睛想象一下，放学后过了 2 小时你的孩子才回家；孩子以前做过同样的事情。现在想一想，处于青春期的孩子的这个行为是多么的不尊重你，多么的不知道感恩。因为他无视规则，他的自由度已经超出了你能忍受的程度。问一问你的孩子，想象一下被迫提前离开同学聚会是多么的不公平和尴尬，再想象一下家长制定的规则对自己社交生活的打击有多大。现在你们双方都有哪些感受？看起来似乎双方都出现了强烈的愤怒和受挫感。问一问你自己，如果在这种每个人都非常情绪化的时候进行家庭谈话会有什么结果。更多时候，这样的家庭会谈将会引发一场争吵而非一次有效的对话。

（四）最差的情况

如果在一些分歧上对孩子让步或妥协，最差会发生什么呢？举例来说，如果处于青春期的孩子没能按时完成作业，你可能会想："如果他没有完成数学作业，他的数学成绩会越来越差，甚至会不及格，他可能会成为班里垫底的学生，甚至考不上高中，只能做不体面的工作，成为一个不开心的成年人。"或者你可以这样想："那么，他会在这次数学作业上不及格。这只是很多次作业中的一次。最差会发生什么情况呢？他可能会得到一个很低的评分。难道我在当学生的时候就没有过不完成作业的时候吗？我没事，他也会没事的。"后者符合逻辑并且是有适当灵活度的，前者是不合理并且无逻辑的。

要保持灵活度并且原谅你自己。即使你已经开始以不同的方式进行思考，但还是会退回到过去对孩子僵硬的、扭曲的想法中去。在能够避免扭曲的信念影响你对待孩子的方式之前，你需要通过大量的练习去"捕捉"自己那些扭曲的信念。

试想一下，一个父亲会因为女儿的下列表现而有多么的生气。他为女儿买书、买校服、买生活用品和玩具、买电脑、报辅导班，甚至为了帮助她在学校取得成果而把钱花在心理咨询和治疗上，而女儿却没有表现出丝毫的感恩，因为她"既不尊重我，也不听话"。无论什么时候（通常是在课堂上）这个话题被提起，她总是做各种小动作且显得百无聊赖。这个家长也许可以通过捕捉自己的绝对化信念来改变自己曾经顽固不化的思维模式，即一种绝对化的不合理信念：青少年应当对父母的牺牲表达深深的感激之情。那么，当一个患有多动症的青少年——这个孩子在自我控制方面存在着生理缺陷，从来没法老老实实坐在那里超过 10 分钟——在父亲对自己说教超过半小时的情况下表现出焦躁不安，就会被当成一种极端不听话或不尊重父母的信号了。现在这位父亲可能会问自己，如果是换作女儿的朋友，这些孩子会对她们的父母表达多少感恩之情呢？再退一步，当他自己还是个青少年的时候，这位父亲又对他的父母表达过多少感恩之情？这位父亲可以和其他孩子的家长聊聊各自的孩子，也可以阅读一本关于青少年发展的书，所有这些都可以帮助他获得另一种信念：即使青少年爱着并且感恩自己的父母，他们也很少会表现出来这种感受。

请你问自己这样一个问题：是你的孩子一周之内无法履行承诺更糟糕，还是在数年之内你逐渐失去和孩子和谐的关系更糟糕？要做好多动症青少年的父母就像坐过山车一样，可能每分钟都会很刺激，也可能随之而来会有很多冲撞和瘀伤。请试着不要对每次与孩子间的小碰撞都过度反应，而是学会"随波逐流"。要决定对于当前的行为，哪些事优先度最高，需要立即采取行动，而哪些事是微不足道的，可以被忽略。一定要明白孩子在青春期时对自我决定权的强烈渴求以及多动症问题本身对于这一过程的影响。因此，家长要做的就是对孩子保持合理的预期并且准确地理解孩子的各种行为。

二、建立明确的家庭规则

在与孩子相处的过程中，成年人经常使用家长的权威来解决冲突，通过奖励和惩罚来强化自己管理者的地位。由于青少年对独立的渴望以及逐渐增强的力量，简单地使用家长权威可能无法达到较好的效果。青春期的孩子会想尽办法来绕开家长的控制。当家长发现自己已经无法简单地对孩子发号施令时，他们有时候就会无可奈何地一挥手说："我不管了，你想干什么就干什么，有什么后果你自己来承担。"这种放任的方式对孩子也没用，因为多动症青少年就是会想干什么就干什么，而他们想干的事情里通常不包括学习，却经常会包括冲动甚至危险的行为。当孩子因为问题行为受到学校的批评管制时，成年人可能会再一次行使家长的权威来压制孩子。随着时间的流逝，家长可能会在过度管束和管束不足两种方式之间切换，而多动症青少年很快就能掌握这种循环，他们会等待父母进入过度管束的阶段，然后和父母"打消耗战"，因为自由的曙光就在眼前了。

研究发现，一种更加民主或更有助于达成双方共识的方式，如让青少年参与到决策制定的过程中来，通常会比严厉的一边倒式的独裁方式更有效。全家人一起坐下来，通过沟通与协商找出一个大家都能接受的方案，这样更有利于培养青少年负责任的行为。更为重要的是，今后青少年在家庭之外也可以采用这种模式去解决争议。

如果父母认为多动症青少年对任何事情都太过颐指气使、肆无忌惮和咄咄逼人，那么需要在家庭中设定一些底线（这些是父母价值观的体现，也是我们在生活中需要遵守的最基本原则），并把这些规则列一张清单，保证清单的内容简单明了。这张清单的内容应包括：没有暴力和咒骂、不吸烟、不喝酒；你可以表达不满，但是在表达时需要尊重他人、尊重家庭成员的隐私；拿别人的东西前要先询问；当家长不在家时不带朋友回家；告诉父母你要去哪里，如果行程变更要打电话告知父母等。将这张清单作为不能讨价还价的规则贴在冰箱上。经常与你青春期的孩子重复这些条例，澄清其中有歧义的地方，并解释清楚为什么这些规则是有必要的。

三、父母携手合作，监督和执行家庭守则

随着多动症孩子的逐渐长大，父母可能会发现执行规则会越来越难。因此，保持连贯性和团队合作就显得非常重要。如果家长由于一时疏忽而让处于青春期的孩子发现，父母中一方做出的决定能被另一方推翻，那么青少年就会创造性地学会各种瓦解父母联盟的方式，并轻松"搞定"自己的父母。由于家里的孩子患有多动症，父母就有可能根据自身家庭的需要设定更多的界限，但是，家庭是这些青少年"大展拳脚"的试验田，他们会尝试用各种技巧来"搞定"父母。因此，父母之间通过沟通而形成"统一战线"就显得无比重要。这个问题对单亲家

长来说会特别棘手，他们能做的是找到一些能够依靠和帮助自己的人，如亲戚或亲近的朋友，并且这种帮助是始终如一的。

执行规则的第一步是监督——保证孩子能够遵守家庭的规则，检查孩子的大致行踪，跟进孩子在时间节点内完成任何结构化任务的进展情况。监督也是让多动症孩子的生活变得结构化的另一个侧面，在照料多动症孩子的过程中，这是一项核心任务。与其他青少年相比，多动症青少年需要更密切且更频繁的监督，你需要一直知道你的孩子在哪里。如果你的孩子和小伙伴一起出去玩，你应该了解他们前往的目的地，如果他们的计划有任何变动，都应当告知你。此外，在孩子做家庭作业的时候，你也要尽可能待在家里。

当父母形成"联盟"：一个成功的故事

14 岁的安德鲁很冲动，一周会发 4~5 次脾气，而起因常是一些微不足道的小事。当父亲拒绝带他去商店购买一套万圣节服装的时候，安德鲁向他父亲 400 美元的西装上喷射了一瓶芥末，毁掉了这件衣服。当母亲拒绝给他买最喜欢的甜品时，他就向母亲扔了一瓶汽水。他经常威胁他的妹妹，随便打她，抓她的头发，偷她的钱和物品。而安德鲁的父亲和母亲对于如何管理他们的儿子的观点非常不一致。他的爸爸倾向于体罚，而他的妈妈害怕这会导致安德鲁和他爸爸彼此伤害。她尝试着跟儿子讲道理，并且在她先生和儿子出现身体对抗的时候居中调停。除了讲道理，她对孩子发脾气的行为不做任何回应。他们夫妻双方都认为是对方的行为造成了安德鲁乱发脾气问题的持续出现。

在一位心理治疗师的帮助下，安德鲁一家同意设定一条底线：如果出现了攻击行为，那么就叫警察并对攻击行为提起诉讼；如果财物有所损毁，就要进行相应的经济赔偿。虽然过程很艰难，但一家人对如何处理安德鲁每次发生冲动的情况达成了共识。安德鲁降低了他暴躁的程度，他说，自己可以在任何时候控制自己的父母，他抗议提出的"愚蠢"规则，他觉得自己的破坏行为是对父母的一种"报复"。

在治疗师的推动下，父母达成了一系列针对安德鲁乱发脾气问题的共识。他们同意不对孩子进行体罚，条件是孩子的母亲必须坚决要求安德鲁控制自己的行为，或者到自己的房间里待 30 分钟，直到他冷静下来才可以出来。在接下来的一个月里，母亲要么"忘记"对安德鲁坚决地提出要求，要么在处理安德鲁的行为问题时表现得唯唯诺诺。父亲最初试着约束自己，但是当他第三次看到妻子无法坚决地对安德鲁提出要求时，他又回到了体罚的老路上。而只有当父亲真的站在妻子一边，并且对妻子施以援手时，她才能够做到对儿子态度坚决。有一次，安德鲁打了妹妹，并且狠狠地嘲笑她，看着女儿被逼到角落，咬着大拇指哭得歇斯底里的时候，母亲改变了，这可以说是一个转折点。她意识到儿子就是一个暴君，是时候应该做点什么了。父亲本来不相信妻子能够管教儿子，但现在他开始坚定不移地支持她。在 3 周多的时间里，安德鲁突然发脾气的行为从每周 4~5 次降低到了每周 1~2 次。

父母有时候对多动症青少年放任不管，有时候又对他们管得事无巨细。放任不管是一种危险的行为，因为你没有履行家长的职责，而管得事无巨细也不好，它会剥夺孩子形成自我决定能力的机会。父母应该做的是，既尊重孩子的隐私，同时还要提醒孩子遵守规则，在这两者之间找到平衡才是解决之道。当然，这绝非易事。下面的一些建议或许有用。

1. 持续使用正面和负面结果

使用前面提到的八步法管理孩子的行为。在孩子遵守家庭规则与正面结果之间建立联系，在他违反家庭规则与负面结果之间建立联系。对于青春期的孩子来说，行为结果还包括不许使用家里的网络、不给零花钱、不能使用手机等。

2. 展现权威

家长必须使用一种合情合理的、克制的，但是又意志坚定的语调，这样才是有效的。青少年需要从家长的语调和语气中了解，对于这些规则，家长的态度是毫无商量余地的。当你的孩子已经形成某些惯性的行为时，这一条建议尤为重要。两个家长刚刚形成的统一战线会激发孩子极大的怒气和挫折感，而你们要做的就是携手坚定地面对孩子的这些反应。

四、积极有效沟通

家长通常发现自己和处于青春期的孩子很容易养成不良的沟通习惯。当多动症遇到了青春期的常见冲突时，许多家长在和孩子有分歧的时候发生冲突再普遍不过。家长与孩子的冲突经常发生在放学后，因为这时孩子放学回家，家长也在一整天的工作后疲惫不堪，双方发生冲突的可能性很大。家庭成员会发现他们之间的"讨论"经常包括贬低、指责、防卫、讥讽以及家长的最后通牒。家长总是没完没了地说教，而青少年则对此无动于衷，给予家长无声的对抗。

请花一点时间看看下面的列表（表 8-1），里面罗列出一些常见的不良沟通习惯以及建设性的替代方式。试着回忆一下这些习惯是如何发生的，你和孩子之间的沟通让你有多生气，你的孩子又有多生气，你们之间到底发生了什么。

表 8-1　常见的不良沟通习惯及建设性的替代方式

如果你的家庭存在以下情形，请打"√"：	更加积极的处理方式
□ 直呼对方的全名	采用不伤人的词语表达自己的愤怒
□ 贬低对方	"你做了……让我很生气"
□ 打断对方	轮流讲话，保持简短
□ 吹毛求疵	指出好的和不好的
□ 一受到攻击就反击	仔细听并确认你听到了什么，然后平静地表达反对
□ 好说教 / 夸夸其谈	简短明了地说清楚
□ 别人说话时看向别处	注意眼神交流
□ 懒散地或瘫坐在地上	端坐下来注意听
□ 用讥讽的语气讲话	用正常的语气讲话
□ 逃避话题	结束一个话题后再进入下一个话题
□ 总是想最差的方面	保持开放的态度，不要跳跃到结论
□ 挖掘过去	关注当下

续表

如果你的家庭存在以下情形，请打"√"：	更加积极的处理方式
□ 猜测别人的心思	询问别人的想法
□ 指挥、命令	和善地提出要求
□ 沉默以对	你觉察到什么就说出来
□ 乱发脾气，"情绪失控"	从 1 数到 10，给自己一点时间，放松一下，离开房间
□ 故意忽视重要事件	认真对待它，即使它对你来说可能并不重要
□ 否认做出的行为	做过就是做过，没做过就是没做过
□ 揪住小错误不放	承认没有人是完美的，让小错误翻篇
你的消极沟通得分（总共打几个"√"就得几分）：	

　　举例来说，一位母亲和她 16 岁的多动症孩子决定专注于解决冲动型打断问题。他们经常在对方说话说到一半的时候打断对方，这导致了双方的冲突和争执。他们都同意让对方先说完，无论自己在中途多么想讲话。他们也同意尽量让自己的陈述简短。如果一个人出现了打断行为，另一个人就会说"犯规！这是打断。让我们重新开始"。要改变原有的模式需要好几周的时间，但是一旦成功，他们就会发现两人之间少了很多争执。

五、共同化解分歧

　　一旦你开始和青春期的孩子一起练习新的沟通方式，你就做好了准备，用你的沟通技巧来解决冲突和化解分歧。尝试改进的第一个领域是，当你和孩子讨论一个问题时应当遵循的步骤。在一段对话中，你和孩子在大量议题之间不断跳跃，但是没能解决其中一个问题？你们的讨论更多是在宣泄愤怒而不是解决实际问题？无论你们在解决实际问题时有什么难处，都可以拿出几张纸，回顾一下你们解决问题的步骤。在开始之前，请确保父母和孩子都同意使用下列方法。

> ➢ 作为家长，你需要在整个对话过程中都保持冷静和类似"公事公办"的态度，从孩子的视角出发，找到一个他感兴趣的点。
>
> ➢ 这些对话不是为了让一方赢过另一方，而是形成一个可以被双方都接受的合理计划。
>
> ➢ 任何一方都要对另一方想要表达的内容表现出乐意倾听的意愿。
>
> ➢ 可以从一个双方都有分歧的话题开始，在这个话题上双方虽有分歧，但是不会带有强烈的愤怒或激动的情绪。
>
> ➢ 不要试图在一次会谈中化解所有的分歧。在每次与孩子的沟通中，尝试只解决 1~2 个问题。然后，在至少等待一周以后，如果有足够的机会让之前的计划落地，并且能够评估计划实施效果，那么再讨论其他更多的问题。只有当一个领域的冲突都被解决后，你才可以回到问题清单，解决清单中接下来的 1~2 个问题。

> ➢ 让家庭中的一位成员来记录你与孩子之间沟通的内容。
> 在不同的对话中，如果你和孩子轮流来承担这一任务，
> 将会产生非常好的效果。

六、合理地使用专业的帮助

对多动症青少年的帮助类似于一种预防性模式，在问题恶化之前及早发现，继而可以与专业人士——心理学家、社会工作者或内科医生——建立联系，定期会面，通过这种方式了解孩子最近的情况。

多动症和问题解决能力

经验告诉我们，多动症会给孩子带来很多问题解决能力方面的问题。如果希望成功地使用四步骤法，那么你需要注意以下几点。

● 多动症青少年可能在每次讨论的关键时刻都无法集中注意力。因此，你要表达的内容就需要简短而明确，无论采取什么方式，都尽可能让孩子参与到讨论中来，在说话的过程中使用生动而热情的方式，保持一种有建设性或积极的语调，甚至可以在孩子最初做到成功与你对话的时候对他进行奖励。如果你的孩子正在进行药物治疗，那么最好在药物起效的时候进行这种讨论。

● 多动症青少年并不总能理解问题解决的概念，或者他们的情绪发展程度还不够，还不具备承担各种备选方式的责任，也无法以

协商的方式解决问题。在这种情况下，你可能需要首先为自己的行为制定规则，然后再和孩子沟通这些规则。也可以简化问题解决的步骤，让还不太成熟的青少年也能驾驭这种方式。例如，先做出一张列出多种替代选择的清单，然后通过评估把备选项简化到 3 个，最后再把清单拿给孩子。

● 如果孩子的某一方家长也患有多动症，那么可能这位家长和孩子之间的对话就不可避免地会带着火药味。在这种情况下，请家长去寻求专业人士的帮助，使其协助你完成与孩子之间的这些对话。

● 一个患有多动症的青少年是非常容易冲动和分心的，你也许会觉得这个孩子所做的每一件事情以及所说的每一句话都需要你去纠正。这会引起无休止的严重问题以及消极的沟通模式。你需要学会聪明地选择你要"入手"的目标，决定哪些事情是你需要干预的，哪些事情是你可以忽略的。一些家庭也会在讨论中使用积分系统来奖励正面沟通技巧，希望以此来减少孩子的破坏行为。

七、去度假并保持幽默感

最后一条可能也是最重要的一条"黄金守则"是：保持你的幽默感，并暂时从你的孩子身边离开，自己去度个假。在很多需要管教多动症青少年的情境中，家长要保持幽默感是非常困难的，但是如果你乐意尝试，你会发现自己和孩子的相处会变得容易很多。一年中至少应该有几次这种时候，你和孩子都需要暂时离开对方，自己去度个假。露营、参加青少年旅行、去爷爷奶奶家、和朋友在一起，无论哪种方式，远离彼此一段时间。孩子的假期通常可以让父母的"电池"重新"充满电"，并且从新的视角审视自己要面对的很多问题。

第九章

多动症孩子的父母需要明白的问题

Love and Respect

第一节　成人世界对多动症的几种误解

一、孩子调皮不听话是因为家长没有管教好

　　我们身边经常会存在这样的看法，认为那些"难以管教""调皮捣蛋""懒惰不用心"的孩子之所以会这样，主要是他们的家长没有教育好。如果你也是一位多动症孩子的家长，或许会有这样的体会，自己的孩子不管怎样都是"屡教不改"。其实，在读完本书后，你就会理解，其实不是孩子态度不端正，而是孩子的生理机制——大脑欠缺某些功能。实际上，孩子更需要你的理解与帮助！

　　作为家长，你要知道，你的咒骂、拳头、巴掌都不会让自己的孩子学会"长记性"，神经系统的运作方式也不会因为你苦口婆心的说教而改变。但是药物、行为治疗、脑电生物反馈、经颅磁刺激等专业手段却可以改善症状。此外，更需要通过转变生活方式来让这些"分心者"学会驾驭他们"不安分"的大脑。

二、多动症患者无论做什么事都无法专心，到处乱动

　　多动症患者的大脑总是无法对日常的任务（如无聊的事情、按部就班的事情）保持专注，多巴胺匮乏的大脑难以维持对相

对"无聊"任务的专注力。你可能会发现，多动症患者有时会痴迷于特定的事物，而且他们在学校也总是偏科。兴趣会刺激他们大脑产生更多的多巴胺，这个效果与药物治疗是一样的。

多动症患者并不一定会"到处乱动"。有些孩子只是存在单纯的注意力缺陷，并不表现为"多动"；另一些好动的孩子在进入青春期之后，外在的"好动"会减少甚至消失，取而代之的是精神上的"躁动"（总感觉到不耐烦）。这给了人们一个错觉，即多动症会随着成长而逐渐消失。实际上，随着多动症陪伴一个人从小孩成长为大人，他不得不面对越来越艰巨的挑战和任务，这也会让他在生活和工作中有更多的机会产生负性情绪。

三、多动症是孩子得的病，长大后会消失、自愈

作为神经发育障碍的注意缺陷多动障碍，并不会随着童年的结束而消失，多数情况下，它会持续到成年，甚至会伴随一生。有一些患者是在成年后因严重影响其社会功能后才被确诊的。这些患者在参加工作后，他们在学生时代面临的类似问题会一直延续下去——乱作一团的书桌、混乱不堪的头脑，以及永远都不清楚到底有多少任务。这样的窘境会被老板认为是工作态度问题或能力欠佳，殊不知，这是多动症惹的祸。

四、能考上大学就不可能是多动症患者

实际上，多动症与学业失败并不存在必然的联系，这种论断纯粹是自己的主观臆测，并没有统计学数据的支持。人们对

各种障碍倾向于抱着一种消极的态度，这不仅限制了自己的眼界，还给存在障碍的人套上了思想枷锁。

【案例】

小李在成长过程中发现，她最近越来越难以应付学业，大学里持续 90 分钟的课程经常令她精疲力竭。虽然上了大学，但她仍会像当年那个粗心的小学生一样找不到书本，房间里、书桌上、床上，到处都是乱扔的衣物及学习资料。对她来说，花费近 1 小时的时间翻遍书包及房间的各个角落来找一本自己需要的书是一种常态。她曾寻求过专业人士的帮助，但医生却认为她不可能是多动症患者，仅仅因为她已经考上了大学。

第二节　多动症孩子父母的疑惑

一、该不该给多动症孩子报兴趣班

尽管对于家长来说，让多动症孩子上课好好听讲、按时完成课堂任务通常是一件令人头疼的事，但科学研究表明，参加课外活动或许能让多动症孩子的症状有所改善，甚至对他们的课堂表现有所帮助。

美国的研究人员认为，在放学后或周末让多动症孩子参加兴趣班或其他活动能帮助他们建立人际关系，锻炼社交技能和适应能力。尽管上述仅为一个相关性研究，暂不能直接下结论说课外活动可以减轻多动症孩子的症状或提升其课堂表现，不过参与有趣的课外活动确实对多动症孩子好处多多。①这类活动可以分散多动症孩子的旺盛精力，增加他们与同龄人接触的机会，并在家长的指引和鼓励下与他人建立良好的人际关系，更好地适应社会和学习生活。②一些体育活动和游戏也可让孩子锻炼身体，一些团队球类运动也能让孩子体验合作的乐趣，培养团队协作精神。

那么，该如何帮孩子挑选课外活动呢？第一，一切课外活动都应以孩子自己的兴趣为出发点。家长切莫抱着让孩子学习掌握多样技能的心态，给他们报太多无法承受的兴趣班。第二，一些户外活动最好能有成年人的监督，并给予鼓励和引导，让孩子能坚持下来。即便孩子表现得不够好，也请耐心点，给他们更多的时间与机会去尝试、去适应。哪怕只是20分钟的骑单车、散步或踢足球，都能为他们的身心健康发展提供帮助，也能让孩子和家长之间建立良好的亲子关系。如果在课外活动中，家长无法到场监督，也应和课外班的老师或教练多交流，告知孩子的多动症状况，请老师给予更多的关注与鼓励，因为对于多动症孩子而言，来自成年人的鼓励和支持非常重要。

二、多动症孩子能不能养宠物

2015年发表的一项研究成果发现，养狗能减轻孩子的多动症症状。多动症孩子的执行功能存在障碍，注意力和情绪调节功能紊乱是大脑中分泌的儿茶酚胺不足所致。如果一个人始终无法对环境中的事物产生兴趣和参与欲望，就会让他们更难集中注意力。基于这个假设，科学家们认为，如果通过一定的方式（社会交往或注意力转移）提高多动症孩子的环境敏感度，就能让多动症孩子调用更多的注意力，改善他们的多动症行为问题。养宠物，就是将多动症孩子的注意力转移到动物上，提高其环境敏感度的好办法（Schuck，2015）。该研究选取了24名7～9岁的多动症孩子，让他们参与了为期12周、每周2次、每次2小时的宠物治疗干预，对照组的儿童则使用玩具狗进行干预。研究结果显示，这些每周遛狗2次，每次和宠物狗玩2小时的孩子，其多动症症状会随着时间的增加而逐渐减轻（Schuck SES，2018）。

多动症孩子养宠物的好处

● 提高时间管理能力：多动症患者的多任务管理和计划能力存在一定缺陷，还有一定的时间管理困难。动物会在固定的时间进行排便、醒来，因此养宠物能督促多动症孩子在固定时间带宠物散步、给宠物喂食，从而帮助多动症孩子提高时间管理能力。

● 提高注意力水平：大多数多动症患者都有多动行为，这种多动行为在幼儿时期尤为显著，会让孩子更加难以集中注意力，造成学习困难。宠物往往都是闲不住的，孩子通过观察宠物的活动、关注宠物的行为，能提高他们的注意力水平。

● 改善情感水平：多动症孩子由于计划能力、表达能力和行为能力不足，往往会遭受很多的误解。家长也会在纠正多动症孩子行为的过程中失去耐心，变为批评孩子的行为。另外，多动症孩子存在严重的社交障碍，他们拥有朋友的数量往往比同龄人更少，往往会感到更孤独。拥有一只宠物能让多动症孩子多一个朋友，感受到来自宠物的依赖。这种依赖关系不仅能大大减轻他们的孤独感，同时也能让他们获得更多与陌生人交流的机会，如遛狗的时候会遇到其他遛狗的孩子。在与陌生人交谈的过程中，改善情感水平。

如果你打算给自己的孩子养一只狗，最好找一只脾气好、方便训练的狗，如拉布拉多或金毛。体形过于娇小的狗，如博美，对多动症孩子来说并不是很好的选择，因为他们很容易把狗当成他们的玩具，而不是宠物。更重要的是，很多孩子在与狗互动的过程中，由于狗的体形过小，很容易做出一些让狗产生自我保护的伤害行为。

三、家里头胎是多动症孩子，还适合要二胎吗

很多家庭想要二胎，但考虑到头胎孩子存在多动症问题，且多动症是一种常见的神经发育障碍疾病，父母担心二胎会和头胎一样有神经发育问题。

2019年的一项大型研究发现，如果头胎存在多动症的问题，那么他们的弟弟妹妹被诊断为多动症的概率为12.47%，被诊断为自闭症的概率为12.05%（Miller M，2019）。另外，这项研究还发现，如果头胎是女孩被诊断为多动症，那么她的弟弟妹

妹患多动症的概率要明显高一些。另一项来自德国的研究则认为，生二胎这件事本身也会增加头胎的多动症症状。这项研究认为，如果头胎有多动症问题，有可能是由父母生二胎引起的（Reimelt C，2018）。这项研究使用了德国青少年健康访谈调查研究的资料，对纳入的 13488 名德国儿童青少年进行了分析。研究发现，与独生子女相比，第一胎患多动症的概率更大，这可能是父母在生下弟弟妹妹后，对老大的关注度明显下降，导致他们的不安全感增加，出现一系列心理和行为的异常，从而更易诱发、加重多动症症状。如果一个家庭计划要二胎，可以让两个孩子出生的时间间隔长一些，保证他们都能受到父母充分的照顾与呵护。

对于老大已经患有多动症的家庭而言，除了需要注意二胎患多动症的风险，可能还需要注意多培养、教导二胎的行为。因为很多二胎孩子在家里会模仿哥哥姐姐的异常行为，把多动症的症状和行为当成是"可以做"的事情。美国杜克大学的大卫·拉宾纳（David Rabiner）博士是研究多动症的专家。他的一项家庭研究选取了 11 个头胎为多动症孩子的家庭来观察他们的日常生活行为。研究发现，和患有多动症的哥哥或姐姐生活在一起的二胎孩子，由于无法预测哥哥姐姐的行为，导致其成长过程中的行为和情绪更加混乱。

另外，二胎孩子的多动症哥哥或姐姐常会把他们当作攻击对象，然而父母要么会直接忽略二胎孩子的感受，要么让这些二胎孩子多理解他们的哥哥姐姐，不对哥哥姐姐的行为做任何惩罚。久而久之，这些二胎孩子就会模仿哥哥姐姐的身体攻击和语言攻击行为，会莫名地发脾气，并使用一些极端的方式来获取父母的关注。父母不自主地对多动症孩子投入更多的耐心和关爱，也会使二胎孩子认为父母更偏心，从而感到悲伤和失落。

除了经常被多动症哥哥姐姐攻击、不被父母重视，二胎孩子从小还要背负父母的期待，照顾和监护他们的哥哥姐姐，包括监督他们按时服药、做作业、在学校里保护他们、陪他们玩耍等。在 11 个受访家庭中，只有 2 个二胎孩子对这些任务有积极的情绪感受，其他二胎孩子更多感受到的是悲伤、失落和难过的情绪。他们无法拥有自己的正常生活，还常常被父母忽视，甚至还有 3 个二胎孩子经常用"反击"的方式来对待自己的多动症哥哥或姐姐。

四、如何区分孩子是一般的不听话还是有多动症问题

具体来说，孩子的不听话可以分为两种：一种是经常具有攻击性或有目的地打扰、激怒别人，这就可以被认定为具有对立违抗障碍；另一种不听话就是字面上的含义，即听不懂、听不到或听不进去别人讲的话。

如果孩子听不懂或理解不了别人讲的话，也可能是多动症引起的。因为多动症患者的主要表现就是注意力障碍和短时记忆障碍。注意力障碍让他们无法集中精力认真听别人讲话，短时记忆障碍会让他们面临严重的记忆缺陷问题，即使听懂了别

人讲的话，也记不住讲了些什么，或只能记住只言片语。

另外，有 40% 的多动症孩子会表现出对立违抗问题，故意和父母对着干。比如，至少连续 6 个月以上对父母或亲人持消极、敌对或挑衅行为模式，具体表现为经常发脾气、经常和大人吵架、故意惹恼别人、故意违抗各种规则以及经常生气等。如果这些行为出现在儿童青少年没有任何情绪问题、完全清醒的情况下，就需要引起重视了。因为如果儿童青少年长期持续这种行为，可能会在 18 岁以后累积形成反社会人格。

五、多动症孩子在夏天可以放肆地喝冷饮、吃冰激凌吗

在炎热的夏季，人们忍不住会吃冷饮或喝冰镇饮料，而有部分多动症孩子在吃完冷饮后竟然会出现难以忍受的头痛，这到底是怎么回事呢？其实，这很有可能是发生了"冰激凌头痛"。冰激凌头痛，又称冷刺激头痛、三叉神经头痛、蝶腭神经节神经痛，是一种因食用冰激凌、冰棍或冰镇饮料而造成的头痛。冷的食物触及人的上颚时，神经反射会使血管急速收缩和扩张，导致疼痛牵扯到上颚，进而传导到大脑。

大脑是身体中最重要的器官，需要一直工作。大脑对温度也相当敏感，当受到冷刺激时，血管舒张，加速温暖血液的流动，以确保大脑保持温暖。偏头痛患者食用非常冷的食物或饮料后更容易引发"冰激凌头痛"症状，同样，对于容易头痛的多动症患者而言，也容易发生类似的情况。一旦出现"冰激凌

头痛",缓解的方法有:喝温水;将舌头顶到口腔顶部,这有助于温暖上颚;用手捂住口鼻并快速呼吸,使暖空气流到上颚。当然,最有效的方法是家长尽量避免让多动症孩子大量食用冰冷食物及饮料。

六、如何提升多动症孩子的专注力

父母若发现孩子的专注力时长远远低于平均时长,应及时寻求老师或心理医生的帮助。此外,要想提升多动症孩子的专注力,父母还可以这样做。

(一)给予孩子足够的关注

为引起孩子的注意,父母必须给予孩子关注,吸引孩子注意力的最好方式是与他的身体靠近,站在他面前,说话时与他进行眼神交流,保持视线平行或触摸他的肩膀,告诉他你需要他做什么。如果孩子拒绝,则需要耐心询问原因以及他内心的想法。

(二)设定小目标

如果孩子觉得某项任务对他来说太困难或难以完成,他的注意力可能就会被分散,这时,父母可以参与进来帮助孩子完成。可以通过制定目标、分解任务,一步一步和孩子解释,一步一步地完成。例如,让孩子参与打扫房间,你可以这样说:首先,捡起你的所有积木,然后我再来告诉你下一步需要做什么;或者通过图片或绘画的方式让孩子理解步骤,起到视觉刺激的作用。

（三）增加创造性的任务

由于孩子每天都要面对很多复杂的任务（学校的繁重学习），因此父母可以通过增加一些创造性的任务来使沉闷的活动变得有趣。例如，尝试让孩子使用石头、玩具车或拇指积木而不是笔来摆出字母的形状，还可以用粉笔或油画棒在大的画架上描绘字母的形状，以增加新鲜感和体验感。

（四）进行体育锻炼

大量研究结果表明，进行体育锻炼的孩子各方面的表现要好于没有进行体育锻炼的孩子。体育锻炼可以帮助孩子提高专注力，父母应鼓励孩子参加户外活动，选择孩子喜欢并适合的体育运动，每天为家庭活动留出时间，如一起散步、慢跑或骑自行车。

（五）带领孩子关注事物细节

孩子的专注力是可以训练的，家长可以带孩子进行一些需要集中精力的活动。例如，请孩子帮你准备晚餐；指引孩子关注周围一些有趣的细节，如在散步时，停下来观察树上的鸟巢、泥土上动物的足迹或谈论岩石的形状和触觉。

（六）避免饥饿和疲劳

有时，饥饿和疲劳也是妨碍孩子保持专注力的一个因素。为了抵抗饥饿，家长可以在孩子开始学习或完成任务之前先给他们吃点零食。当然，零食最好是健康的，避免高糖、高脂肪的零食。此外，高质量的休息也很重要，需确保孩子每天有足够的休息时间。

（七）赞美孩子

国外研究人员对父母照料和情绪对 2 岁幼儿专注力的影响进行了研究，结果表明，父母的负面情绪会影响幼儿的专注力，而父母的赞美则有利于增加幼儿的专注力。

（八）进行功能训练

功能训练通过游戏训练多动症孩子在完成游戏任务过程中的计划、协调、策略转换、抑制无关信息以及信息保持等能力，提高其注意力和认知功能，改善行为症状。功能训练分为不同的阶段，每个阶段 6 次，在一对一的计划下，借助可穿戴传感技术、智能终端、人机交互行为干预技术、生物反馈等先进技术，促进多动症孩子潜能的发展。